realização

PROGRAMA WAIMIRI ATROARI
Convênio FUNAI/ELETRONORTE

WAIMIRI ATROARI
AMAZONAS · BRASIL

Instituto Socioambiental

apoio

GORDON AND BETTY MOORE FOUNDATION

EMBAIXADA DA NORUEGA

CAFOD
Just one world

WAIMIRI ATROARI

A'A IKAA INEPTYPY

DIVULGANDO NOSSA HISTÓRIA

realização

Programa Waimiri Atroari

Instituto Socioambiental

1ª edição São Paulo, 2017

Waimiri Atroari: A'A Ikaa Ineptypy

Waimiri Atroari: divulgando nossa história

O projeto é uma parceria do Programa de Monitoramento de Áreas Protegidas (ISA) com a Associação Comunitária Waimiri Atroari (ACWA) da TI Waimiri Atroari (AM/RR) e o Programa Waimiri Atroari (PWA) Convênio FUNAI/ELETRONORTE.

Programa Waimiri Atroari (PWA)

O Programa Waimiri Atroari (PWA) é fruto de um Convênio entre as Centrais Elétricas do Norte do Brasil S/A - Eletrobras Eletronorte, a Fundação Nacional do Índio - Funai e a Associação da Comunidade Indígena Waimiri Atroari – ACWA. O PWA foi criado, em 1988, como uma das medidas compensatórias da construção da Hidrelétrica de Balbina, que alagou parte do território tradicional dos Waimiri Atroari. O Programa, com ações múltiplas nas áreas de administração, saúde, educação, meio ambiente, apoio à produção, documentação e memória, tem como objetivo preservar dinamicamente sua autonomia cultural, a partir de uma inserção social em bases equilibradas, no contexto da sociedade nacional, com foco na sustentabilidade da comunidades.

coordenador geral José Porfírio Fontenele de Carvalho

gerente Marcelo de Souza Cavalcante

coordenadora de saúde Irineide Assumpção Antunes

coordenador de educação Walter Nicanor Fontoura Blos

coordenadora de documentação e memória
Kátia Maria Silva Nunes

coordenador de meio ambiente e apoio a produção
Antônio Carlos Andrade do Nascimento

coordenadora de produção Denice Silva Lima

Associação da Comunidade Indígena Waimiri Atroari (ACWA)

diretor gerente Parwe Mario

Programa Waimiri Atroari

Rua Recife, 2305 | Parque 10 de novembro

CEP: 69055-030 | Manaus | AM

Tel (92) 3236 1229

pwa@waimiriatroari.org.br | www.waimiriatroari.org.br

posto Abonari BR 174, Km 208 | Amazonas, AM

NAWA Núcleo de Apoio Waimiri Atroari BR 174, Km 255 | Roraima, RR

posto Jundiá BR 174, Km 326 | Roraima, RR

Instituto Socioambiental (ISA)

O Instituto Socioambiental (ISA) é uma Organização da Sociedade Civil de Interesse Público (Oscip), fundada em 22 de abril de 1994 por pessoas com formação e experiência marcantes na luta por direitos sociais e ambientais. Tem como objetivo defender bens e direitos coletivos e difusos, relativos ao meio ambiente, ao patrimônio cultural, aos direitos humanos e dos povos. O ISA produz estudos e pesquisas, implanta projetos e programas que promovam a sustentabilidade socioambiental, valorizando a diversidade cultural e biológica do país.

www.socioambiental.org

São Paulo (sede)

Av. Higienópolis, 901

01238-001 São Paulo – SP – Brasil

tel: (11) 3515-8900 / fax: (11) 3515-8904

isa@socioambiental.org

Manaus

Rua Costa Azevedo, 272, 1° andar, Largo do Teatro – Centro

69010-230 Manaus – AM – Brasil

tel: (92) 3631-1244 / fax: (92) 3633-5502

isamao@socioambiental.org

coordenação do Programa de Monitoramento de Áreas Protegidas (ISA) Fany Ricardo

coordenação adjunta: Selma Aparecida Gomes

equipe do projeto: Alana Almeida de Souza, Fany Ricardo, João Ricardo Rampinelli Alves, Marília Garcia Senlle, Selma Gomes, Silvia de Melo Futada e Tiago Moreira dos Santos (ISA).

execução do projeto

pesquisadores do eixo rio: Damixiri Renato, Serypana Oscar, Wiribia Orêncio, Iawysy Maciel, Iadyma Francisco, Watxirinji Luciano, Araduwa Evandro, Amixa Joelson, Tykwaxina Silvio, Kapetuwa Ralnir, Pawuna Ivanildo, Warype Nelmo, Tuwadja Joanico, Txawe Zacarias, Ewepe Zildo, Xitamy Valmir, Irie Ademir e Kyre Josezinho.

pesquisadores do eixo estrada Fausto Ate, Anapidene Zico, Byiana Bernardo, Kamaruwa Machado, Katuwa Francenilson, Davi Aikwa, Kaiami Pablo, Kiamyna Pascoal, Kysene Bruno, Kwaká Júnior, Kwakwaxi Armando, Maika Renato, Marauna Leandro, Meki Mercio, Midany Benito, Minjawu Darimar e Tomas Kynetxiri, Parany Mateus, Pitxuwa Eraldo, Temehe Estevão, Temehe Germano, Trapia Ivo, Wahry Mauricinho, Wasy Waldemiro.

fotógráfos do eixo rio Gilmar Kridjany, Tuwadja Joanico, Iarykwama Valdison, Tuwadja Vanilson, Kwynetxiri Celso e Txawe Zacarias (Maiamy); Oscar Serypana, Nawata Joelmir, Waika Elinaldo e Waipinje Anderson (Atywa); Kapetuwa Ralnir e Tykwaxina Silvio (Cacau); Wanakita Ronaldo, Iawa Márcio e Araduwa Evandro, Mawuna Jorge, Marawuxa Mauro e Kinyma Roni (Iana); Pawuna Ivanildo e Warpe Nelmo (Mamany); Irie Ademir (Iwatymy); Iawysy Maciel e Same Marciano (Kamy); Kyre Josezinho (Karatyna); Damixiri Renato (Kareb Syna); Iadyma Francisco e Watxirinji Luciano (Samauma); Zildo Ewepe e Xitamy Valmir (Arawyba); Amixa Joelson (Dakia Syna); Wiribia Orêncio e Amyry Jakson (Pardo).

fotógrafos do eixo estrada Fausto Ate e Anapidene Zico (Iawara); Byiana Bernardo (Bana); Kamaruwa Machado (Waba); Ketuwa Francenilson e Davi Aikwa (Yrymy); Kaiami Pablo, Kianamy Pascoal e Kysene Bruno (Tapypyna); Kwaká Júnior e Kwakwaxi Armando (Maikon); Maika Renato (Mynawa); Marauna Leandro (Maryda); Meki Mercio (Arykawa); Midany Benito (Anahkwa); Minjawa Darimar e Tomaz Kynetxiri (Alalau); Parany Mateus (Paryry); Pitxuwa Evaldo (Xeri); Temehe Estevão (Makahpy); Temehe Germano (Ariné); Trapia Ivo (Xara); Wahry Mauricinho (Ba); Wasy Waldemiro (Kisiwe).

editores e tradutores Oscar Serypana (Atywa), Txawe Zacarias (Maiamy), Wiribia Orêncio (Pardo), Maika Renato (Wakyna), Temehe Germano (Ariné), Nilton Kwaxirany (Cacau), Mopyny Jeremias (Alalau), Daiteny Gilberto (Iawara), Amixa Joelson (Dakia Syna), Ewepe Marcelo (Maryda), Meki Mercio (Arykawa).

responsáveis técnicos Selma Gomes, Silvia de Melo Futada, Tiago Moreira dos Santos (Instituto Socioambiental); e Walter Nicanor Fontoura Blos (Programa Waimiri Atroari).

edição e revisão de texto Selma Gomes, Silvia de Melo Futada. Tiago Moreira dos Santos (Instituto Socioambiental); e Walter Nicanor Fontoura Blos (Programa Waimiri Atroari).

revisão de texto Carolina von Zuben

mapas Alana Almeida de Souza (Instituto Socioambiental).

projeto gráfico e diagramação Bruna Keese

fontes dos mapas e imagens de satélite
Terras Indígenas (ISA, 2017); Unidades de Conservação (ISA, 2017); Base Cartográfica 1:250.000 (IBGE, 2015); Desmatamento (Prodes/INPE, 2016); Processos minerários (DNPM, 12/09/2016); Aldeias, pressões e ameaças (Pesquisadores Indígenas, 2015); Relevo sombreado elaborado a partir de imagens SRTM por Alana Almeida; Imagens(c)2017, DigitalGlobe, Landsat/Copernicus, U.S. Geological Survey.

Dados Internacionais de Catalogação na Publicação (CIP)
(Câmara Brasileira do Livro, SP, Brasil)

Waimiri Atroari : divulgando nossa história =
Waimiri Atroari : a'a ikaa ineptypy. -- São Paulo : ISA - Instituto Socioambiental, 2017.

Edição bilíngue: português/kinja iara.
Vários autores.
Vários organizadores.
Vários tradutores.

1. Índios da América do Sul - Amazônia 2. Índios Waimiri Atroari. Povos indígenas - Brasil.
I. Título: Waimiri Atroari : a'a ikaa ineptypy.

17-01959 CDD-980.41

Índices para catálogo sistemático:
1. Brasil : Povos indígenas : História 980.41

realização

PROGRAMA WAIMIRI ATROARI
Convênio FUNAI/ELETRONORTE

WAIMIRI ATROARI
AMAZONAS · BRASIL

Instituto Socioambiental

apoio

GORDON AND BETTY MOORE FOUNDATION

EMBAIXADA DA NORUEGA

CAFOD Just one world

Tem que ser publicada nossa cultura. Muitos falam que Waimiri Atroari não tem lei. Por isso que nossa cultura tem que ser publicada para o branco conhecer nós. Aldo Sawa Waimiri, aldeia Mynawa

Daqui pra frente vai ficar o nosso nome. Quanto mais divulgar a história nossa é importante. Queremos que branco conheça nossa história no livro junto com o ISA. Mario Paroe, aldeia Xeri

apresentação

Com orgulho e satisfação apresentamos a publicação final de um projeto realizado em parceria: os Kinja, autodenominação dos Waimiri Atroari, por meio da Associação Comunitária Waimiri Atroari (ACWA), o Programa Waimiri Atroari (PWA) e o Instituto Socioambiental (ISA), já aliados de longa data na luta pelos direitos indígenas e parceiros na Galeria Amazônica, espaço de exposições e vendas que valoriza a diversidade socioambiental da Amazônia.

O levantamento socioambiental realizado na Terra Indígena Waimiri Atroari tem como premissa que a coleta e organização participativa de informações constroem retratos socioambientais que subsidiam as comunidades na definição de suas estratégias de gestão territorial e ambiental, sejam as comunitárias, com atores não indígenas ou junto aos órgãos públicos. Na Terra Indígena Waimiri Atroari, o projeto foi realizado entre 2013 e 2015, em parceria com as lideranças Waimiri Atroari e o PWA e com a participação contínua e indispensável dos pesquisadores indígenas das 31 aldeias da Terra Indígena.

As atrocidades cometidas contra os Waimiri Atroari maculam a história do Brasil e é uma grande emoção constatar a retomada de um povo que se recuperou de tanta perversidade contra ele cometida e hoje vive bem e ao seu modo, num território extremamente íntegro e conservado, realidade que contrasta com a da ampla maioria dos povos indígenas no Brasil.

Manaus, fevereiro de 2017.

Parwe Mario

Associação Comunitária Waimiri Atroari (ACWA)

José Porfírio Fontenele de Carvalho

Programa Waimiri Atroari (PWA)

Fany Ricardo

Instituto Socioambiental (ISA)

os Waimiri Atroari

José Porfírio Fontenele de Carvalho[1]

As primeiras aldeias dos Waimiri Atroari ficam hoje a duzentos quilômetros de Manaus. No final do século passado ficavam ainda muito mais próximas. No território deles, o Serviço de Proteção ao Índio (SPI) estabeleceu o primeiro posto indígena no rio Jauaperi. A ideia era tentar um contato amistoso com os Waimiri Atroari. Esse é um rio muito importante para os índios, que nasce dentro da terra deles. Os Waimiri Atroari são índios ligados diretamente às águas. As aldeias deles, as atividades produtivas, a cultura deles, as festas, os rituais, são todos ligados aos rios.

O local onde eles vivem é muito rico em produtos naturais e de grande interesse ao extrativismo econômico. Desde o século passado ocorre exploração dessa riqueza, as "drogas do sertão", como eram chamadas a castanha, a balata, o buriti, o pau-rosa, além de ser um local muito rico em animais silvestres. A fauna é muito diversa e abundante. Até a década de 1970, o Brasil exportava peles de animais silvestres, sendo esta uma das principais exportações brasileiras. E a maioria desses produtos era tirada do território dos Waimiri Atroari, que era a área mais próxima de Manaus. Para garantir essa exploração, eram organizadas empresas para invadir a Terra Indígena e, de lá, matar animais para a pele, tirar a castanha, tirar a balata, tirar borracha. Era um local muito próspero e muito rico. Os seringueiros e os castanheiros faziam de tudo para ir lá e tirar esses produtos. E sempre enfrentavam a resistência dos índios. Daí a grande ação criminosa perpetrada contra os Waimiri Atroari.

Na história do Amazonas, os Waimiri Atroari ganharam destaque pela quantidade de índios mortos dentro de suas próprias aldeias. Expedições militares, expedições de comerciantes, expedições de aventureiros, todos retornavam trazendo orelhas, escalpo – o cabelo dos índios –, como prova de que teriam matado o maior número de índios. Essas pessoas criavam uma fama muito grande, como heróis locais.

Ao longo dessa história, os índios, por outro lado, foram criando uma resistência tremenda à presença de não índios na região deles, por mais que alguns desses não índios fossem lá com a intenção de ter contato amistoso com eles e tentar defendê-los. Como ocorreu, muitas vezes, no caso do SPI e da Funai. Era impossível para eles fazer diferença entre quem ia lá para matá-los e quem ia lá para defendê-los. Grandes sertanistas do SPI se estabeleceram nesses postos

1 Depoimento editado e atualizado a partir de MILANEZ, Felipe (Org.). *Memórias Sertanistas: cem anos de indigenismo no Brasil.* São Paulo: Edições Sesc, 2015.

em diversas tentativas de contato. Primeiro, foi Luís de Carvalho, que trabalhou no Posto Mahaua. Ele enfrentou uma família poderosa que comandava uma empresa seringalista em Manaus e terminou sendo assassinado pelos invasores. Não foi morto pelos índios, mas pelos invasores da terra dos índios. E os índios assistiram a essa violência. Nessa situação, não morreu só o chefe do posto, mas morreram também os índios que ali estavam. A história dos índios, e principalmente a dos índios Waimiri Atroari, com relação aos não índios, no Amazonas, foi muito dura.

Em um desses massacres, em 1926, depois de atacarem uma aldeia, matando praticamente todos os que lá estavam, foram trazidos presos 20 índios para a cidade de Manaus. Ficaram presos na praça da Polícia Militar, praça Heliodoro Balbi, expostos à visitação pública para sua humilhação. As pessoas faziam filas para ver os famigerados, os grandes criminosos, assassinos, como eram considerados os Waimiri Atroari. Desses 20 que foram levados presos, voltaram apenas cinco – 15 índios morreram em Manaus. Até que um tenente da polícia se apiedou deles e levou esses cinco de volta para a mata e lá os soltou. Não há dúvida de que esses cinco sobreviventes devem ter contado o que aconteceu com eles para o resto do povo, quando se encontraram. E os índios Waimiri Atroari, até a década de 1970, eram tidos como os índios mais violentos da história da nação brasileira. Quando, na realidade, eles é que eram as vítimas, eles é que haviam sido os mais violentados da história do Amazonas. Sofriam os ataques, mas quando podiam eles se defendiam.

A história dos Waimiri Atroari é um registro muito triste e muito violento. O SPI tentava estabelecer esses contatos pacíficos e, infelizmente, as equipes do grupo do SPI também tombavam sem vida. Os índios reagiam, pensando que eles faziam parte de alguma estratégia dos não índios para atacá-los. Então, os postos indígenas de atração, como eram chamados na época, foram atacados sistematicamente pelos índios. Entre funcionários do SPI e da sua sucessora, a Funai, até 1974, os índios mataram 64 pessoas. Foi muito difícil o relacionamento dos índios com o SPI e a Funai. No entanto, não há registro, que se possa comprovar hoje, de que algum índio tenha sido morto por algum funcionário do SPI ou da Funai. Pode até ter ocorrido, mas não há registro. Uma das razões é que, quando os índios vinham para o ataque, eles não davam chance para que houvesse uma reação.

Os Waimiri Atroari sofreram um genocídio. Nesse processo violento, quem mais sofreu foram os índios. O que aconteceu lá: aldeias inteiras foram bombardeadas e sumiram do mapa.

Simplesmente assim: sumiram. Bombardeadas por caças. Eu conheci os índios. E não existem mais esses índios que eu conheci. E é muito simples provar isso, basta levantar a árvore genealógica. Cadê fulano? Acabou. É assim quando pergunto a eles por parentes. Houve um genocídio. E eles temem que se repita. Em 1971 eu fiz um censo da população Waimiri Atroari. Eu contei 15 aldeias e fiz a estimativa de viverem cem índios em cada aldeia: fiz uma estimativa de existirem, no mínimo, 1.500 Waimiri Atroari. Em 1986 restavam apenas 374 pessoas. E estavam morrendo. Entretanto, eles resistiram. E hoje, seguem vivendo de seu modo único, com sua língua, suas festas, seus costumes, num território extremamente íntegro, no qual apenas 0,1% das florestas originais foram convertidas. Em setembro de 2016 a população total era de 1.907 habitantes, com uma idade média aproximada de 18 anos e um crescimento anual médio de 5% nos últimos dois anos.

o território Waimiri Atroari

José Porfírio Fontenele de Carvalho[2]

Na Terra Indígena Waimiri Atroari ocorreram três grandes impactos. Primeiro foi a estrada, depois, uma empresa de mineração, chamada Paranapanema, invadiu a Terra Indígena Waimiri Atroari, e o Governo Figueiredo extinguiu a reserva. E o terceiro é a Usina Hidrelétrica de Balbina, que inundou 30 mil hectares da Terra Indígena. Essa hidrelétrica foi um desastre horroroso. Ela inundou 30 mil hectares das terras dos índios, inclusive aldeias inteiras. A mineradora Paranapanema não inundou terra nenhuma deles, mas sozinha tomou 726 mil hectares dos Waimiri Atroari. E a BR-174 matou os índios, usou o Exército para matar os índios. Os 1.500 índios que eu havia contado, em estimativa, foram reduzidos a 374 pessoas nesse processo de construção da estrada. E a estrada nada fez em compensação pelo impacto que causou ao povo. A única entidade responsável por um desses três grandes impactos a eles que financia um projeto junto aos índios é a empresa da hidrelétrica, a Eletronorte. E a ela, hoje, eu presto os meus agradecimentos. Não pelos impactos que causaram, evidentemente, mas em reconhecer e em proporcionar um projeto de recuperação. Porque, sem ele, os índios iriam se acabar se não tivesse sido feito esse projeto para os índios.

2 Depoimento editado e atualizado a partir de MILANEZ, Felipe (Org.). *Memórias Sertanistas: cem anos de indigenismo no Brasil.* São Paulo: Edições Sesc, 2015.

Porfírio Carvalho e Iawyraky, o milésimo waimiri-atroari, símbolo da resistência e vigor da etnia, cujo nascimento foi comemorado em grande festa com todas as aldeias e parceiros.
Foto: Programa Waimiri Atroari, TI Waimiri Atroari, 2007.

Mário Paruwe com outras lideranças Waimiri Atroari.
Foto: Programa Waimiri Atroari.

O Programa Waimiri Atroari foi criado em junho de 1988, com prazo de 25 anos e gerência a cargo da Funai, por meio do Termo de Compromisso TC-002/87 firmado com a Eletronorte. Os objetivos do programa são equilibrar as relações econômicas e culturais entre a comunidade indígena e a sociedade nacional, garantir o usufruto exclusivo da área demarcada aos índios Waimiri Atroari, melhorar as condições gerais de vida, segundo as aspirações dos próprios Waimiri Atroari, e ampliar a compreensão dos Waimiri Atroari acerca da realidade sociopolítica brasileira. Para viabilizar o Programa foi instalado em Manaus um escritório de apoio que conta, também, com instalações adequadas para abrigo dos Waimiri Atroari, quando vêm a Manaus em busca de solução para seus problemas e para tratamento de saúde. Para melhor desempenho das ações previstas foram criados sete subprogramas, com os seguintes temas: Educação, Saúde, Apoio à Produção, Proteção Ambiental, Vigilância, Administração, Apoio Operacional e Documentação e Memória. O Programa Waimiri Atroari foi elaborado por uma equipe multidisciplinar e interinstitucional de técnicos, representando a Funai, a Secretaria de Educação do Estado do Amazonas, o Instituto de Medicina Tropical de Manaus, a Universidade do Amazonas e a Eletronorte, que, além de alocar técnicos, financiou todos os estudos e ações do Programa.

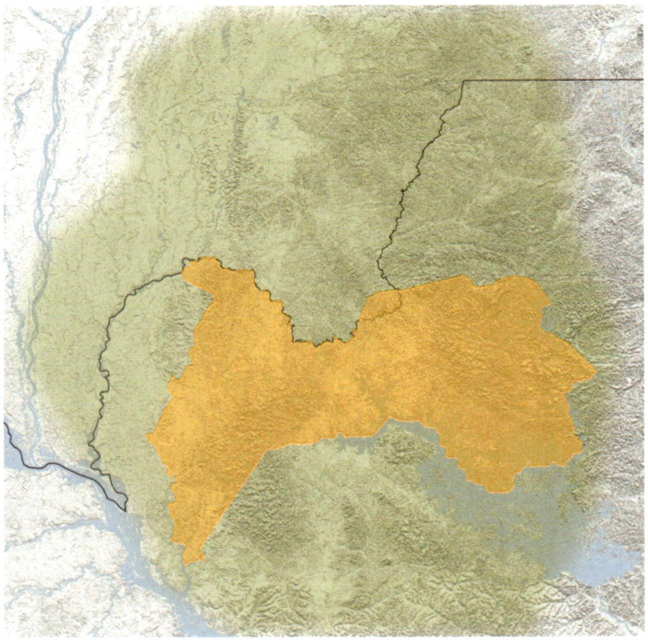

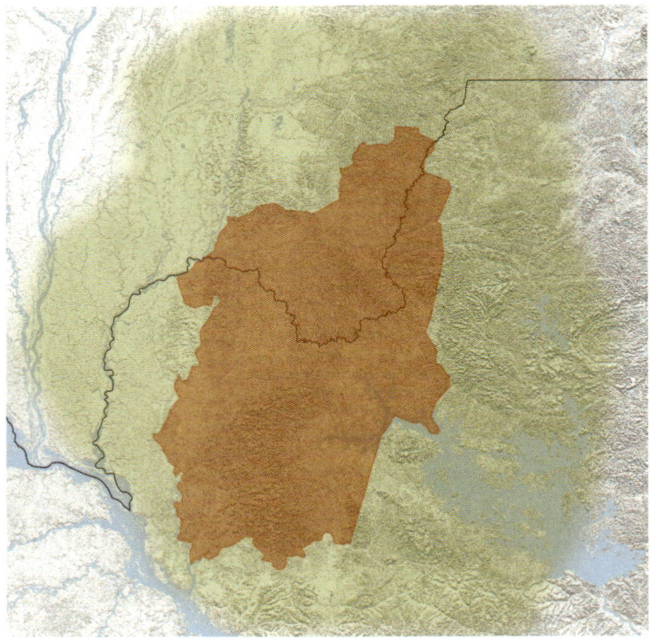

as alterações de limites do Território Waimiri Atroari e os grandes empreendimentos[3]

1917: A Lei n° 941 de 16 de outubro de 1917 é o primeiro documento sobre a reserva Waimiri Atroari e destina as terras da margem direita no rio Jauaperi para os índios Waimiri.

1921: O então governador do Estado do Amazonas, o desembargador Rego Monteiro, revoga a Lei n° 941 e promove assim a oficialização da invasão ao território indígena.

1971: Com o início da construção da rodovia BR-174 (Manaus-Caracaraí-Boa Vista) e por proposta de indigenistas da Fundação Nacional do Índio (Funai), destacando-se a participação do indigenista Gilberto Pinto Figueiredo, foi criada a reserva denominada Waimiri Atroari, através do Decreto n° 68.907 de 13 de junho de 1971. Os limites fixados não foram exatamente os propostos por Gilberto. A área proposta era muito maior do que a reconhecida, com extensão aproximada de 1.611.900 hectares, no município de Airão, no Estado do Amazonas. A reserva não englobou toda a área habitada pelos Waimiri Atroari, deixando muitas malocas e áreas de caça de fora, principalmente as malocas instaladas na margem direita do rio Alalau e muitas outras na região central.

1974: Através do Decreto n° 74.463 de 26 de agosto de 1974, conseguiu-se que nova área fosse interditada para fins de atração dos Waimiri Atroari. O Decreto n° 75.310/75 foi publicado em janeiro, retificando erros de coordenadas geográficas do Decreto de 1974.

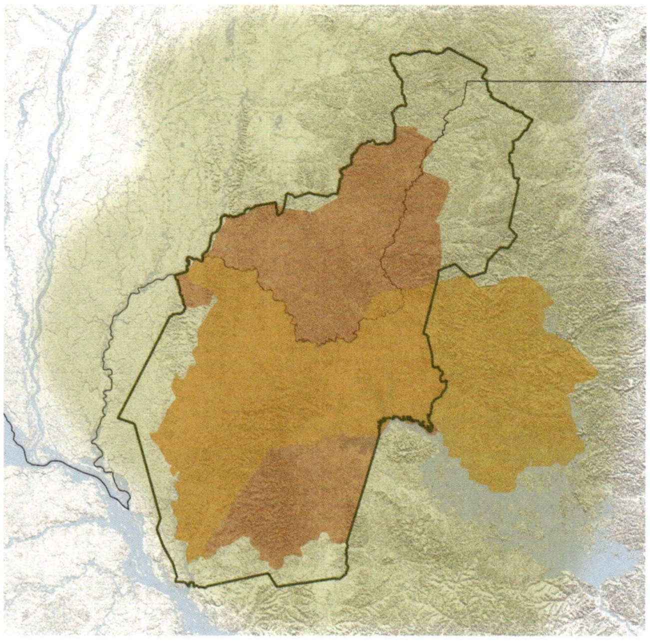

1978: O presidente da Funai, General Ismarth de Araújo Oliveira, acolhendo sugestões da Coama (Coordenação da Amazônia), através da Portaria nº 511N de 04 de julho de 1978, interditou mais uma área adjacente à reserva incluindo a área de três malocas que ainda se encontravam fora dos limites da reserva Waimiri Atroari e das áreas anteriormente interditadas. A Portaria nº 511N, juntamente com os Decretos nº 68.907/71, nº 74.463/ 74 e nº 75.310/75, delimitaram a área mínima do território dos índios Waimiri Atroari, que na época já era uma ilha entre um sem número de novos vizinhos que se instalaram na região com projetos de exploração de madeira, agropecuária e mineração.

1981: O presidente Figueiredo, através do Decreto nº 86.630/81, revogou todos os decretos anteriores e extinguiu a Reserva Indígena Waimiri Atroari, tornando-a apenas uma "área interditada". Diminuindo a área em 526.800 hectares – exatamente a área pretendida pela empresa de mineração Paranapanema – transformou a reserva em "Área interditada temporariamente para fins de atração e pacificação dos índios Waimiri Atroari", invertendo totalmente o processo de formalização de uma Reserva Indígena.

1987: Por meio do Decreto nº 94.606 de 14 de julho de 1987, o então presidente José Sarney declara como área de ocupação dos Waimiri Atroari um território de 25.859 km^2, ficando excluídas a superfície de inundação da barragem da Usina Hidrelétrica de Balbina e a faixa de domínio da BR-174.

3 Editado e atualizado a partir de CARVALHO, J. P. F. *Waimiri Atroari: a história que ainda não foi contada*. 2. ed. Brasília: Edição do Autor, 1982.

DIREITOS TERRITORIAIS

ITXI IAPREMY

Waimiri Atroari Kinja itxiri na 2.585.910 hectares me

TI Waimiri Atroari: 2.585.910 hectares

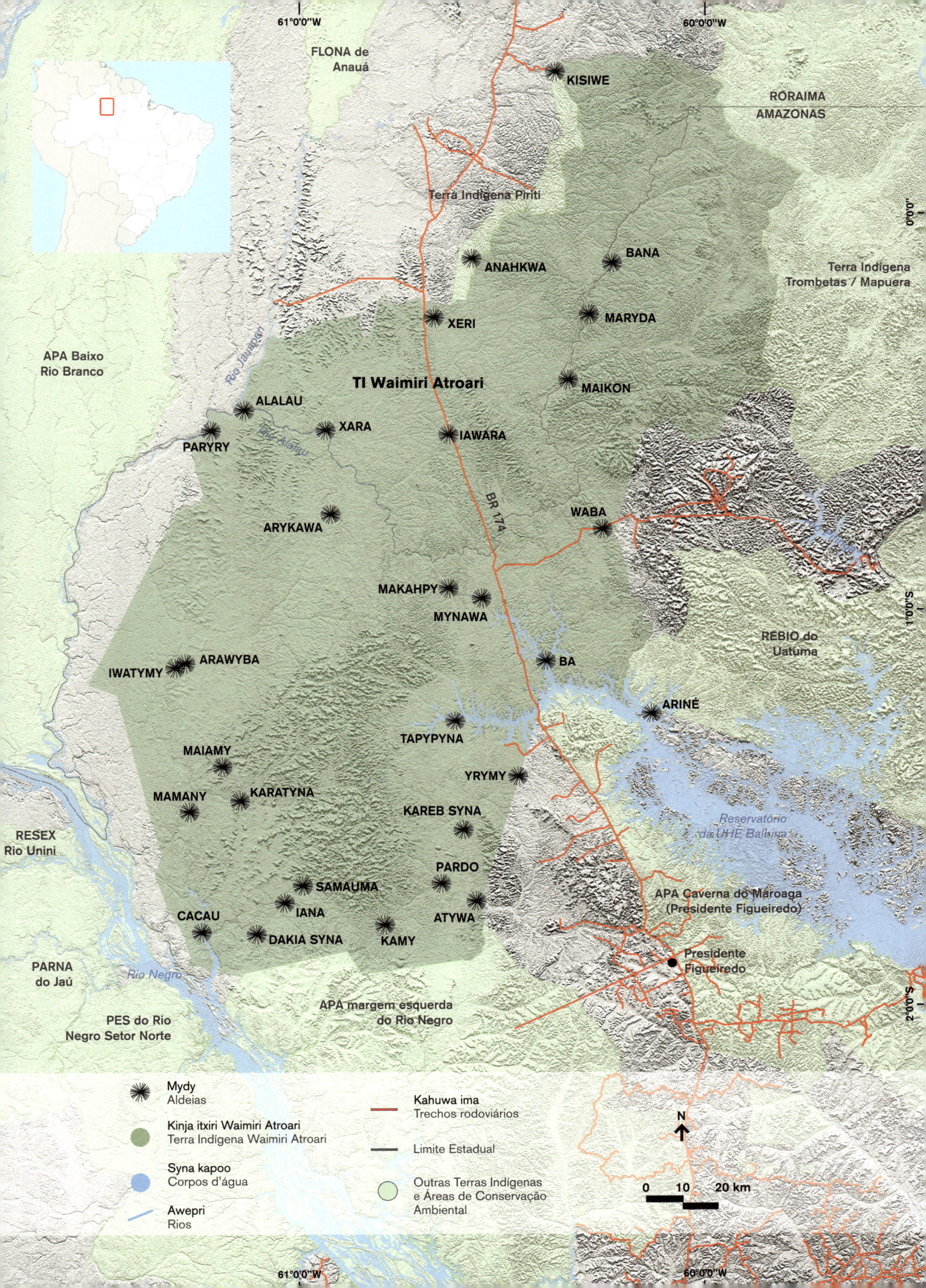
61°0'0''W
60°0'0''W
FLONA de Anauá
KISIWE
RORAIMA
AMAZONAS
Terra Indígena Piriti
0°0'0''
BANA
ANAHKWA
Terra Indígena Trombetas / Mapuera
XERI
MARYDA
APA Baixo Rio Branco
Rio Jauaperi
TI Waimiri Atroari
MAIKON
ALALAU
XARA
IAWARA
PARYRY
Rio Alalaú
BR 174
ARYKAWA
WABA
MAKAHPY
MYNAWA
1°0'0''S
REBIO do Uatumã
BA
IWATYMY
ARAWYBA
ARINÉ
TAPYPYNA
MAIAMY
YRYMY
MAMANY
KARATYNA
KAREB SYNA
Reservatório da UHE Balbina
RESEX Rio Unini
PARDO
SAMAUMA
APA Caverna do Maroaga (Presidente Figueiredo)
IANA
ATYWA
CACAU
DAKIA SYNA
KAMY
Presidente Figueiredo
PARNA do Jaú
Rio Negro
2°0'0''S
APA margem esquerda do Rio Negro
PES do Rio Negro Setor Norte
Mydy
Aldeias
Kinja itxiri Waimiri Atroari
Terra Indígena Waimiri Atroari
Syna kapoo
Corpos d'água
Awepri
Rios
Kahuwa ima
Trechos rodoviários
Limite Estadual
Outras Terras Indígenas e Áreas de Conservação Ambiental
N
0
10
20 km
61°0'0''W
60°0'0''W

2014 taka Kinja behe mydy na 31 me. Waimiri Atroari ta imany nenypa 1.749 Kinja. Iexime Kinja tymydy ta nyryia tynahpopyky tyty iria, atykapy itxi ta, imany naryne Kinja iara ta, itxi tanyke nytepinsa wiwi iepy ke, tymydy iamia, tykaapa tany pomia, itxi tany wesi, nykwa, xiba myrykatypy, maryba katypy, watypy, watypy maryba ta. Kinja behe na setembro 2016 taka 1.907 me 41 mydy ta. Impa na 1.076 me Kinja bahinja ty, Kinja witxi na kareme witxipy na ira djapyme na wykyry taha many, kareme itxiri witxipy me. Itxi ieny. Kareme witxipy.

Teriky kaska witxipy. Wenypatypy, teheme itxi witxipy. Ky kaa pyky wenpatypy. Imany maryba katypy, kinjeme witxipy ikaa.

Em 2014, quando foi realizado o projeto, a população total nas 31 aldeias da TI Waimiri Atroari era de 1.749 Kinja. Todas as aldeias Kinja mantêm seu modo de vida: culinária, artesanato, língua, medicina, arquitetura, produção agrícola, extrativismo, caça, pesca, música, dança e festas próprias da cultura Kinja. Em setembro de 2016 a população Kinja era de 1.907, em 41 aldeias, sendo 1.076 menores de 16 anos. Para os Kinja, para viver bem é importante não ter impacto na terra, preservá-la, ter saúde, ter família forte, estudar, ter a terra rica de recursos e conhecer a história e a dança, ter cultura Kinja.

KINJA BEHE POPULAÇÃO

WAIMIRI ATROARI KINJA IANATYPYMYDY

KINJA IKAA IKENE KINJA / PESQUISADORES INDÍGENAS

kahuwa ima tany mydy behe
aldeias do eixo estrada

Fausto Ate Atroari e Anapidene Zico — IAWARA

Byiana Bernardo — BANA

Kamaruwa Machado — WABA

Francenilson e Davi Aikwa — YRYMY KATUWA

Kaiami Pablo, Kianamy Pascoal e Kysene Bruno — TAPYPYNA

Kwaká Júnior e Kwakwaxi Armando — MAIKON

Maika Renato — MYNAWA

Marauna Leandro — MARYDA

Meki Mercio — ARYKAWA

Midany Benito — ANAHKWA

Minjawu Dorimar e Tomas Kanetiri — ALALAU

Parany Mateus — PARYRY

Pitxuwa Evaldo — XERI

Temehe Estevão — MAKAHPY

Temehe Germano — ARINÉ

Trapia Ivo — XARA

Wahry Mauricinho — BA

Wasy Waldemiro — KISIWE

syna kany mydy behe
aldeias do eixo rio

Damiximi Renato — IAWARA

Serypana Oscar — ATYWA

Wiribia Orêncio — PARDO

Iawysy Maciel — KAMY

Iadyma Francisco e Watxirinji Luciano — SAMAUMA

Araduwa Evandro — IANA

Amixa Joelson — DAKIA SYNA

Tykwaxina Silvio e Kapetwa Ralnir — CACAU

Pawuna Ivanildo e Warpe Nelmo — MAMANY

Tuwadja Joânico e Txawe Zacarias — MAIAMY

Ewepe Zildo e Xitamy Valmir — ARAWYBA

Irie Ademir — IWATYMY

Kyre Josezinho — KARATYNA

ITXI IAPREMY IMANY ITXI KAMANY

GESTÃO AMBIENTAL E TERRITORIAL

itxi iapynany imany itxi iapremy

fiscais e agentes ambientais

Iexime taska many TI Waimiri Atroari Kinja itxi iapynasa imany kareme itxipyme. Imany Kinja typyna pyry iryia sypah taka akyrypy iemtxipy pyky imany itxi iapynatypy pyky. Em 2014 taka Kinja nyrypa imany nikiarymapypa irahky iake Kinja typynapry iryia wykyry imany weri many, imany bypaty iake myry iryia itxi iapynany imany itxi iapremy many ampa mydy wara. Imany iexime wykyry itxi iapynasa imany tí txiri iapynasa, imany weri ram motyky ipyny imany akrypy iakydany mydy ta.

As famílias de todas as aldeias Kinja da TI Waimiri Atroari são responsáveis pelo cuidado e fiscalização do seu território. Os Kinja se revezam nas ações de coleta do lixo e fiscalização da Terra Indígena. Em 2014, os Kinja informaram quantos homens e mulheres eram diretamente responsáveis por organizar os fiscais e agentes ambientais em cada aldeia. Na maioria dos casos os homens cuidam da fiscalização do território e as mulheres da coleta e limpeza do lixo das aldeias.

ÁREA RESTRITA
PROIBIDO

impa na número iryhy na bypa iake itxi ikaa pyky ienpaha Kinja 18 mydy ta kahuwa ima mydy TI Waimiri Atroari ta

número de organizadores de agentes ambientais das 18 aldeias do Eixo Estrada da TI Waimiri Atroari

mydy **aldeias**	wykyry homens agentes ambientais	weri mulheres agentes ambientais
Maryda	23	23
Maikon	7	19
Alalau	3	2
Iawara	9	8
Xeri	8	3
Xara	3	2
Mynawa	5	2
Paryry	5	2
Bana	1	2
Anahkwa	2	2
Kisiwe	5	2
Ariné	2	3
Waba	8	3
Tapypyna	8	2
Ba	5	2
Yrymy	3	2
Arykawa	5	4
Makahpy	2	2

impa na número iryhy na bypa iake itxi ikaa pyky Kinja ienpaha Kinja 13 mydy ta syna kany mydy TI Waimiri Atroari ta

número de organizadores de agentes ambientais das 13 aldeias do Eixo Rio da TI Waimiri Atroari

mydy **aldeias**	wykyry homens agentes ambientais	weri mulheres agentes ambientais
Iwatymy	1	3
Arawyba	3	6
Maiamy	2	5
Karatyna	1	3
Mamany	2	3
Cacau	3	6
Dakia Syna	1	4
Kareb Syna	1	3
Samauma	2	3
Iana	2	4
Kamy	1	3
Atywa	1	4
Pardo	1	2

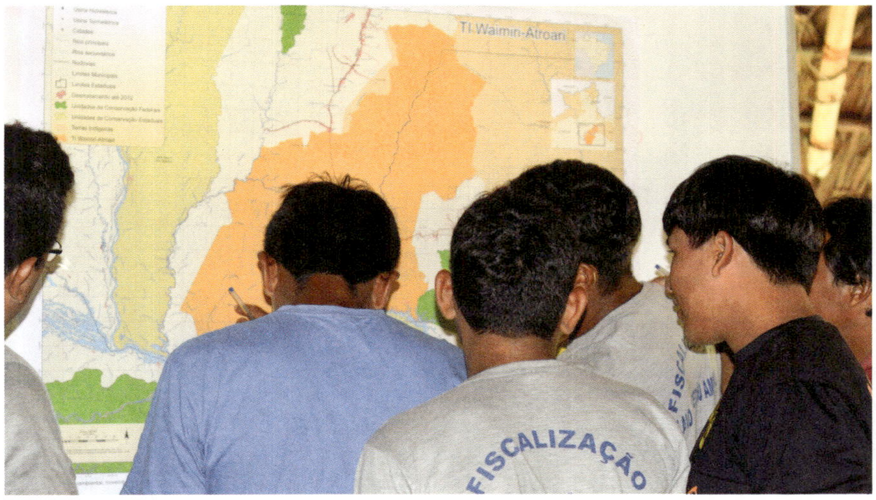

Waimiri Atroari itxiri ram a'a witxiny, imany a'a tí txiri iapynasa, imany ampa kaminja wobywah itxipyme. Iexime a'a tyrypa ipyia, imany mydy iamtypy, imany wopitxi, imany njapy ipyia a'a itxi ta, symany kapy kara'a tí txiri iapynasa. Imany araky a'a ia njia 08 tyme itxi iapynany mydy na: PV Waba manja, PV Suwa, PV Mahoa, PV Abonari, PV Arine, PV Vicinal 1, PV Vicinal 2, PV Jundiá.

A Terra Indígena Waimiri Atroari é e sempre será nossa, sempre vamos cuidar da nossa terra e fiscalizar nosso território para não entrarem invasores. Todos os nossos alimentos, materiais de construção, remédios, materiais para artesanatos vêm da mata, por isso estaremos atentos e cuidaremos da nossa terra. Atualmente temos oito postos de vigilância (PV): PV Waba manja, PV Suwa, PV Mahoa, PV Abonari, PV Arine, PV Vicinal 1, PV Vicinal 2, PV Jundiá.

itxi iapynany panapyry imany nykwa bakaha BR 174 ta

trabalho de fiscalização e controle dos animais atropelados na BR 174

A'a ia na 20 anos pa yry iapykryhy, impa a'a nykwa batyry iremkie BR 174 ta. Agosto de 1997 tany me, imany agosto de 2016 taka kahuwa nykwa bakypyiany 9.837 me, imany agosto nenuwe taka nykwa njiahtypiany 87 nykwa, imany tabela njikiarympyia kyta.

Há quase 20 anos, nós controlamos a mortalidade dos animais atropelados na BR 174. De agosto de 1997 a agosto de 2016 foram mortos por atropelamento 9.837 animais, apenas no mês de agosto de 2016 foram 87 animais mortos, como mostra a tabela.

Kinja ram BR 174 ta, Kinja ram kyky kahuwa wapykaha iexina, imany nykwa bakaha itxipy me, imany kareme a'a witxi me, Imany nysaryky ka ietypa behnapa. Impa napyke, carro com perecíveis, ônibus, carro militar e nos feriados, Natal, Carnaval ta ram Kinja kahuwa ima pyky na kamyhwa na. Imka kyky nywyry tahpa kahuwa ima ta imany bypaty iaky katy iekrypa. Imany a'a corrente ke kahuwa ima kamyia, impa myry a'a mydy peri ty kamyry, myra ty peri kamywa iaky kaminja ty na kykypesa, iawura ka myry kamyia a'a.

Os Kinja preferem que na BR 174 não passe carro particular à noite, não apenas por causa do atropelamento dos animais, mas pela nossa própria segurança. E se houver acidentes à noite na estrada, não há quem socorra. Podem passar carro de emergência, carro com perecíveis, ônibus, carro militar, e nos feriados, Natal, Carnaval, a BR fica aberta mesmo à noite. A corrente que passamos na estrada representa para nós a porta de nossa casa, assim como kaminja (não indígena) tranca a porta de sua casa à noite, nós fechamos a nossa.

nykwa batyhy agosto nenuwe ta 2016

animais mortos em agosto de 2016

9	akiri	cotia
2	kwany	gavião
7	waryna	paca
11	kyrywy	cobra
1	waryna waty	cobra-jiboia
5	tyryny	pássaro
1	waiamy	jaboti
6	kixiri	macaco-sagui
1	iweri	rato
1	txamyky	tucano
30	tyky	mucura
7	iake	jacaré
1	warara	tracajá
1	saryma	tamanduá-mambirá
1	kwata	macaco
1	kabaha	tatu
1	pyryry	sapo

akrypy

lixo

Pana wapy década de 1980 taka Kinja ia naky akrypy waryky, dakydakyda imany akysa wa, impa kaminja wobyhkypa Kinja motyky kama iatypa, iake ieba, iee sykymatypy, aramy, pony, inakixi, ampa many. Yrapa ka akrypy nytatypa mydy taka.

Kinja ram akrypy pyky texima na, imany apiaty iaky tykyrykwa tyme na, ipa kyrykwe ram Kinja kadakyda, tamixa, peepe amy many, imany amy akrypy sykyia apia iaky kirikwatyma na irypa iarypia mana taka, PWA kaminja many, imany weri imany wyryky many waha akrypy we iabaha na mydy ta, imany amy nenuwe wara ka akrypy sykyia imany akrypy iakyde' imany akrypy sykyia sypapy kadakyda pyky imany peepe, asyka many.

Até a década de 1980, os Kinja não tinham contato com nenhum tipo de lixo de plástico e metal. Com o contato com os não indígenas começamos a usar lanterna, pilha, escova e creme dental, linhas de pesca com carretel plástico, roupas, lonas, entre outros. Assim foram entrando nas aldeias esses tipos de materiais que produzem lixo.

Kinja se preocupa com o lixo, o que dá para queimar nós queimamos (plástico, papelão), e o que não dá para queimar juntamos para enviar para Manaus, com apoio do PWA. As mulheres e os homens Kinja não deixam o lixo acumular nas aldeias, todo final de mês eles se juntam em grupos e limpam as aldeias e separam os lixos.

PROJETOS WYTY PYWATYPY

2006 taka ram Kinja bahinjehky karyka pywakyry iatypa, impa Kinja nypywanypa karykaty, pata ty.arakypa ram iexime pary Kinja karyka pywasa karyka, xiba, paty, carneiro many ka Kinja araky nypywasa araky.

Yraty ipytyhy ram na tasyka ietyme. Aminjaky ka Kinja karyka pywakyhy ke tasyka iesa maryba taka iyhy ipatyme.Amy iarypyia ram Kinja mana taka minjany iapetyme imany tymydy tany ietyme.

Maryba pahtaka ram Kinja karyka wyia 600 syme apieme iaky nykwa iakaha nytyke kareme maryba itykaharyky symany kapy ka Kinja karyka pywasa apieme iake Kinja nysa waharyky maryba taka.

Kinja tyia ram kareme karyka pywatypy warykyna apieme iake yrypa iapetypaty warykyna imany epitxi iapetypaty waryky yry epitxi iapeia ram nykwa iarypyhkypa yrypa ipeheme ka irypa iapeia eremetxi many.

Em 2006 os Kinja inciaram a criação de pequenos animais. As primeiras criações eram de galinhas e patos. Hoje quase todas as aldeias têm criação de galinhas e patos, muitas possuem piscicultura e também criam carneiros.

Esses projetos foram pensados para a alimentação das famílias. A criação de pequenos animais também ajuda a alimentar as pessoas convidadas que participam do Maryba. O excedente é vendido para gerar renda para as comunidades.

Num Maryba consumimos até 600 frangos, servidos geralmente no final da festa. O frango, produzido na própria Terra Indígena, complementa a carne de caça moqueada preparada tanto pela aldeia anfitriã, como trazida pelos muitos convidados que participam deste grande ritual que é o Maryba.

A maior dificuldade na criação de galinhas, patos e carneiros é a compra de insumos, como ração e vacinas. Esses insumos são comprados com a renda da própria aldeia, gerada por meio da venda de pequenos animais e também de artesanato.

Legenda projetos: criações de animais

 paty
pato

 xiba
tambaqui

 xiba
pirarucu

 karyka
galinha

 paka
gado

 carneiro

 sypa
tracajá

 coelho

mydy tany nykwa iemkwatypy syna tany mydy

projetos nas aldeias do eixo rio

kahuwa ima tany mydy

projetos nas aldeias do eixo estrada

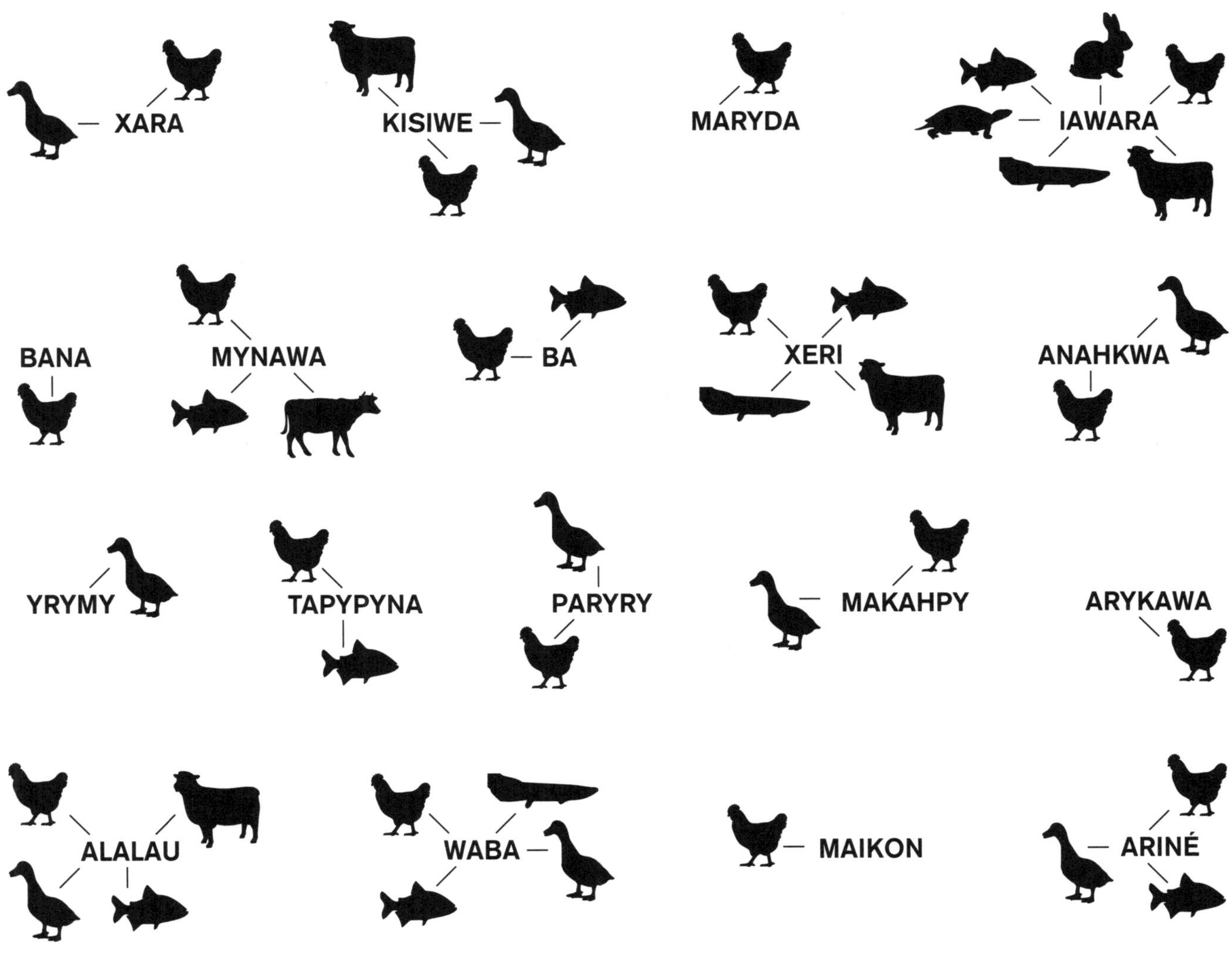

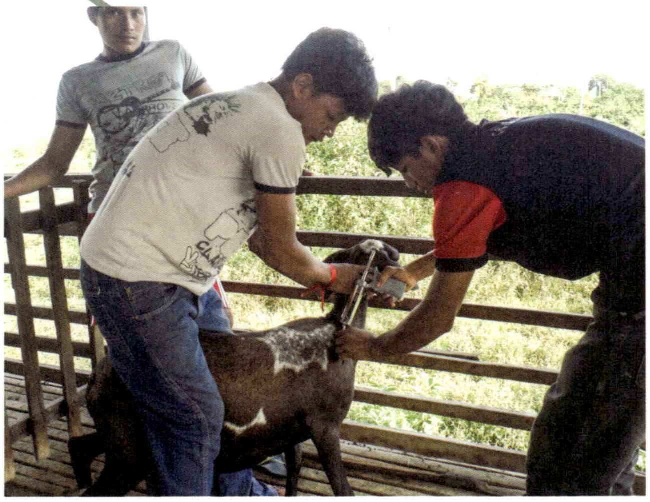

asempa nykwa behe ty iemkwatypy
principais temas para novos projetos

irahke ty iemkwamatene **tipo de projeto**	**apiemehpaky iaky mydatyne** **quantidade de aldeias**	
	syna kany mydy eixo rio	kahuwa ima tany mydy eixo estrada
tynasemy segurança alimentar	8	18
piehtytypy geração de renda	2	
wopitxi saúde	1	
kaapa agricultura	1	
xiba myrykatypy pesca	1	

Asempa typohnji tyrymy xime itxi inyny. Impa kareme typywasemy nykwa iryny, Kinja ikaa iwakany many.

Outros projetos de interesse: manejo florestal, pecuária e valorização cultural.

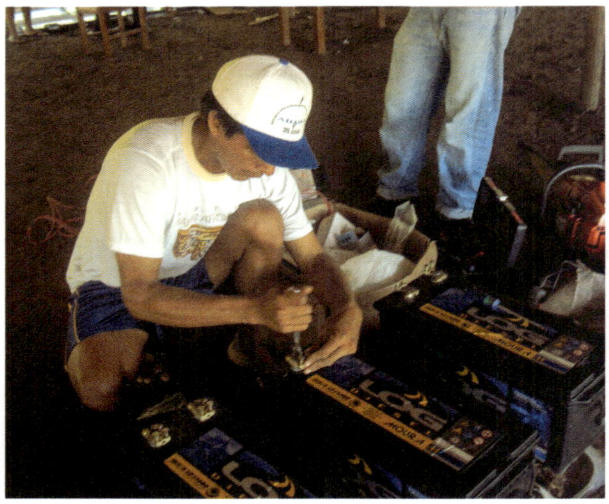

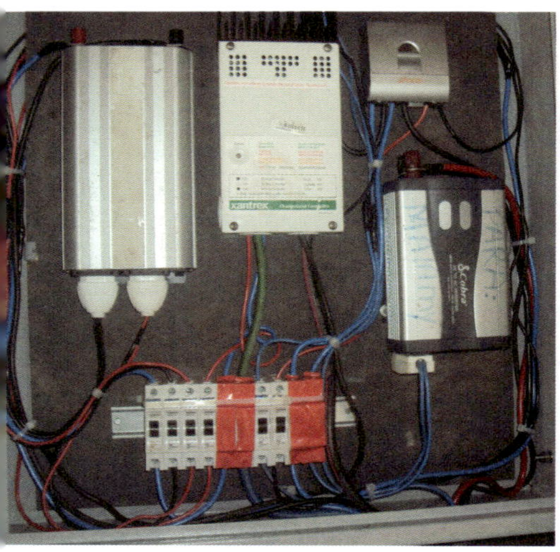

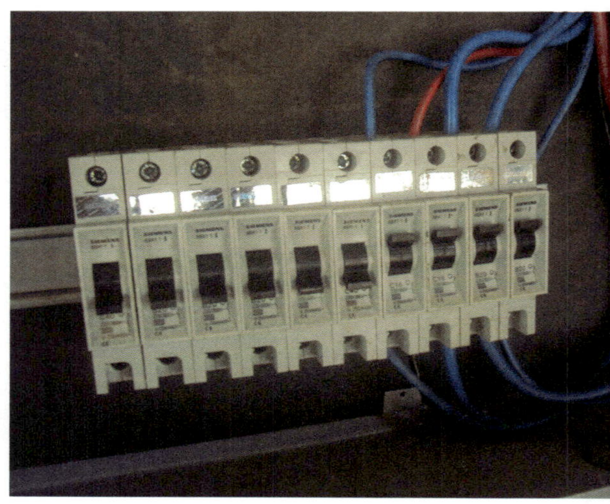

energia solar inepytypy Kahuwa tany mydy ta

disponibilidade de energia solar no eixo estrada

Kahuwa ima tany mydy ta ram energia solar na 14 mydy ta, impa Kinja njikiame kareme, imany 4 mydy ta ram kareme kaha na.

No Eixo Estrada, em 14 aldeias há alta disponibilidade de energia, e em quatro aldeias a disponibilidade é média.

energia solar inepytypy Syna kany mydy ta

disponibilidade de energia solar no eixo rio

Syna kany mydy ta ram energia solar na 4 mydy ta kareme, impa Kinja njikiame kareme, imany 9 mydy ta ram kareme kaha na.

No Eixo Rio, em quatro aldeias há alta disponibilidade de energia, e em nove aldeias a disponibilidade é média.

ENERGIA SOLAR

Araky ram iexime na 31 mydy ta njiapa Energia Solar ty.Pana wapy ram wanaky Energia Solar, imany ipaiky naky kyky wenpatypy wa, araky ram Kinja nenpe kyky imany araky Kinja ia njiapa Televisão Dvd manpa na mydy ta, imany computador, tapyna, imany ampa many. Imany ietypapa ietypy ram njiaparyky araky a'a bahinja witxi, imany ietypa behna witxipy me mana taka txiwa. Imany a'a ietypa behna kramapia ty mydy ta.

Pana wapy Kinja naky kaminja iapyryse myrypa irynyme. Araky ram Kinja maiedeme kahpa na, impa Kinja araky na tenpapa na Energia Solar irytypy pyky.

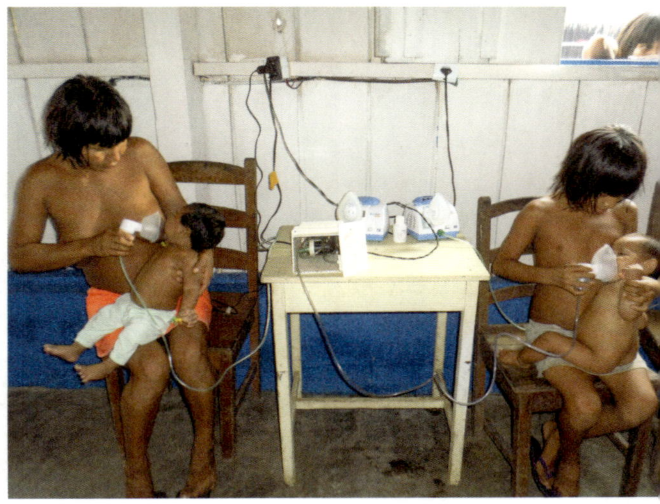

Atualmente todas as 31 aldeias pesquisadas têm energia solar. Antes de ter energia solar nas aldeias, não tinha aula nas escolas à noite, hoje os Kinja estudam à noite. Hoje nós temos televisão com DVD nas aldeias, computadores, rádios, entre outros aparelhos eletrônicos. Na área da saúde, hoje temos aparelho de inalação e nossas crianças não precisam ir para cidade, são tratadas nas aldeias.

Antigamente os Kinja dependiam de técnico não indígena para cuidar da montagem e da manutenção do sistema solar. Hoje os Kinja já têm técnicos com esse conhecimento e nós mesmos cuidamos dos nossos sistemas de energia solar.

PEEPE IKAA RECURSOS FINANCEIROS

Yry mytyky ipe ram Kinja nyry nyry njapy many, sanja, minja, makaxira,woky, arexa, merepy many. Imany Kinja narypia karyka bi, arexa, mabaia, xirymy, melancia, wasai, awaxi, njakaha ampa many.

Njapy iarypia a'a PWA taka tapem mydy taka, Novo Airão, presidente Figueiredo, mana taka. Kaapa tany mytyky na karyka bi, xiwi bi, sanja many,imany itxi tany mytyky na tetyky, mixi, wasai, ka a'a narypia atykapy, Novo Airão, presidente Figueiredo, mana taka.

PWA kaminja ka aminja napeia Kinja wokry pyky, imany kaminja Kinja witxi NAWA (Núcleo Apoio aos Waimiri Atroari) ta tarypaia kany witxi. Peepe iryia apia irywa iaky kypa Kinja ne irypa iaptyme, pony, sapaty, sapamy, iake ieba baty, iake ieba, maia behe, ahnjaty, ampa many.

Os principais produtos comercializados pelos Kinja são artesanatos, farinha de mandioca, macaxeira, banana, limão e pupunha. Kinja também vende ovos, laranja, mamão, abóbora, melancia, açaí, cana-de-açúcar, tapioca, entre outros produtos.

Os artesanatos são vendidos nas lojas do Programa de Apoio aos Waimiri Atroari (PWA) em Novo Airão, Presidente Figueiredo e Manaus. A produção das roças, os ovos de galinha e de codorna, a farinha de mandioca e os produtos extrativistas, como castanha, buriti e açaí, são vendidos para diversos comerciantes das cidades de Novo Airão e Presidente Figueiredo.

O PWA também compra a produção dos Kinja para alimentação dos funcionários e para os eventos e reuniões que acontecem com os Kinja no Núcleo Apoio aos Waimiri Atroari (NAWA). O dinheiro é usado para comprar coisas que os Kinja não produzem, como roupas, sapatos, sabão, pilhas, lanterna, facão, forno de farinha, entre outros.

peepe ikaa recursos financeiros

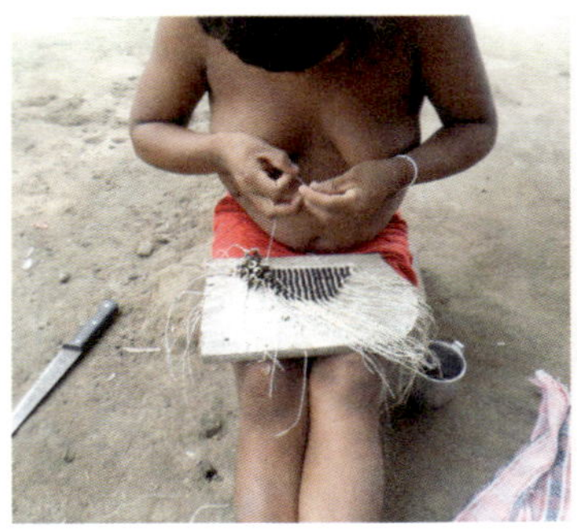

mytyky kamyhy syna kany Kinja behe ia

produtos que contribuem com a renda das famílias Kinja no eixo rio

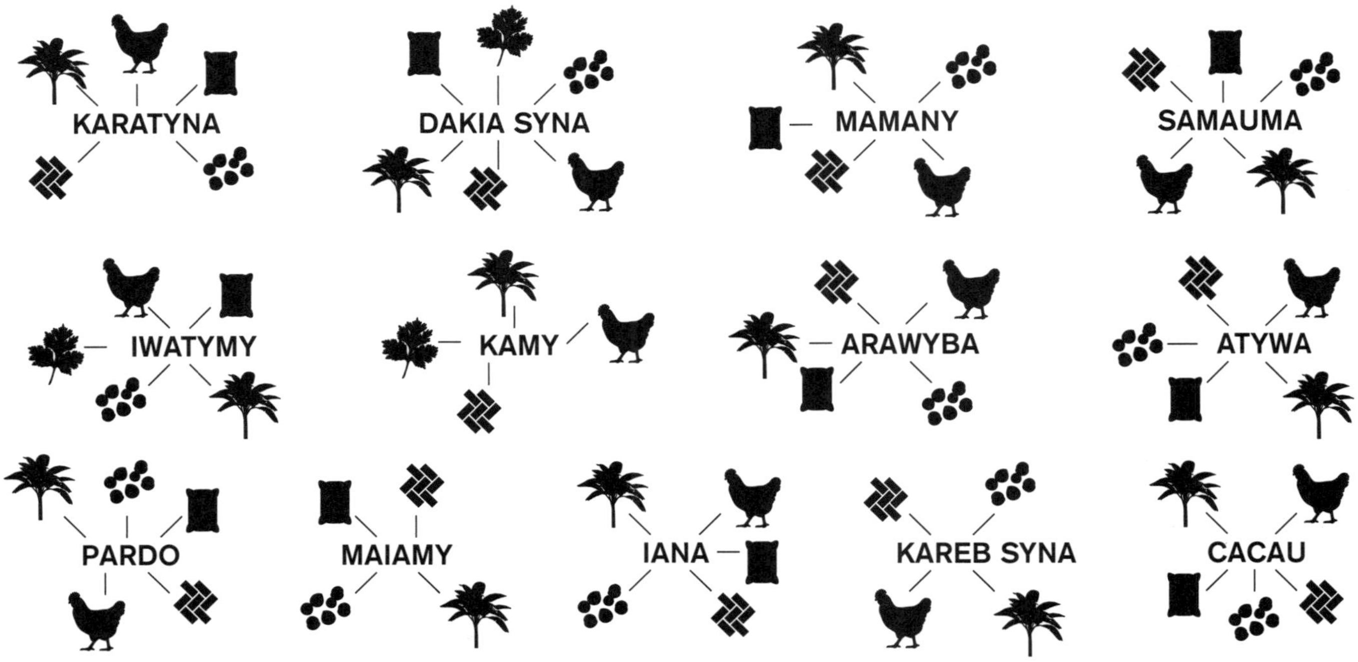

mytyky kamyhy kahywa ima tany Kinja behe ia

produtos que contribuem com a renda das famílias Kinja do eixo estrada

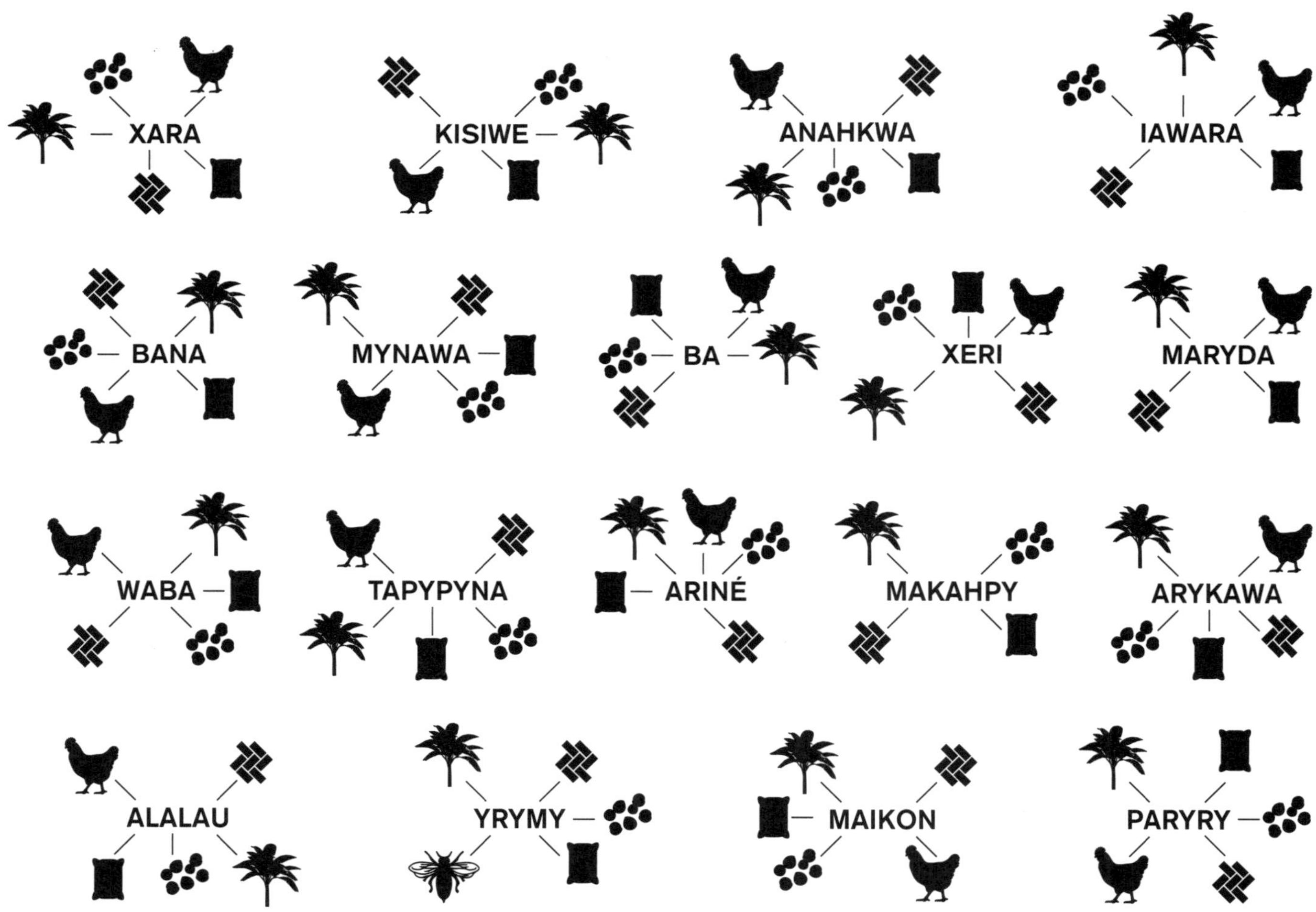

wyty kantypy
horta

kaapa
roças

karyka, paty, karyka bi
galinhas, patos e ovos

paka
gado

itxi tany tykamamy
produtos não madeireiros

kaapa tany Kinja ieny (sanja)
produtos beneficiados (farinha)

xiba myrykatypy
pescado

aryma ieky
mel

njapy
artesanato

RECURSOS NATURAIS

ITXI TANY

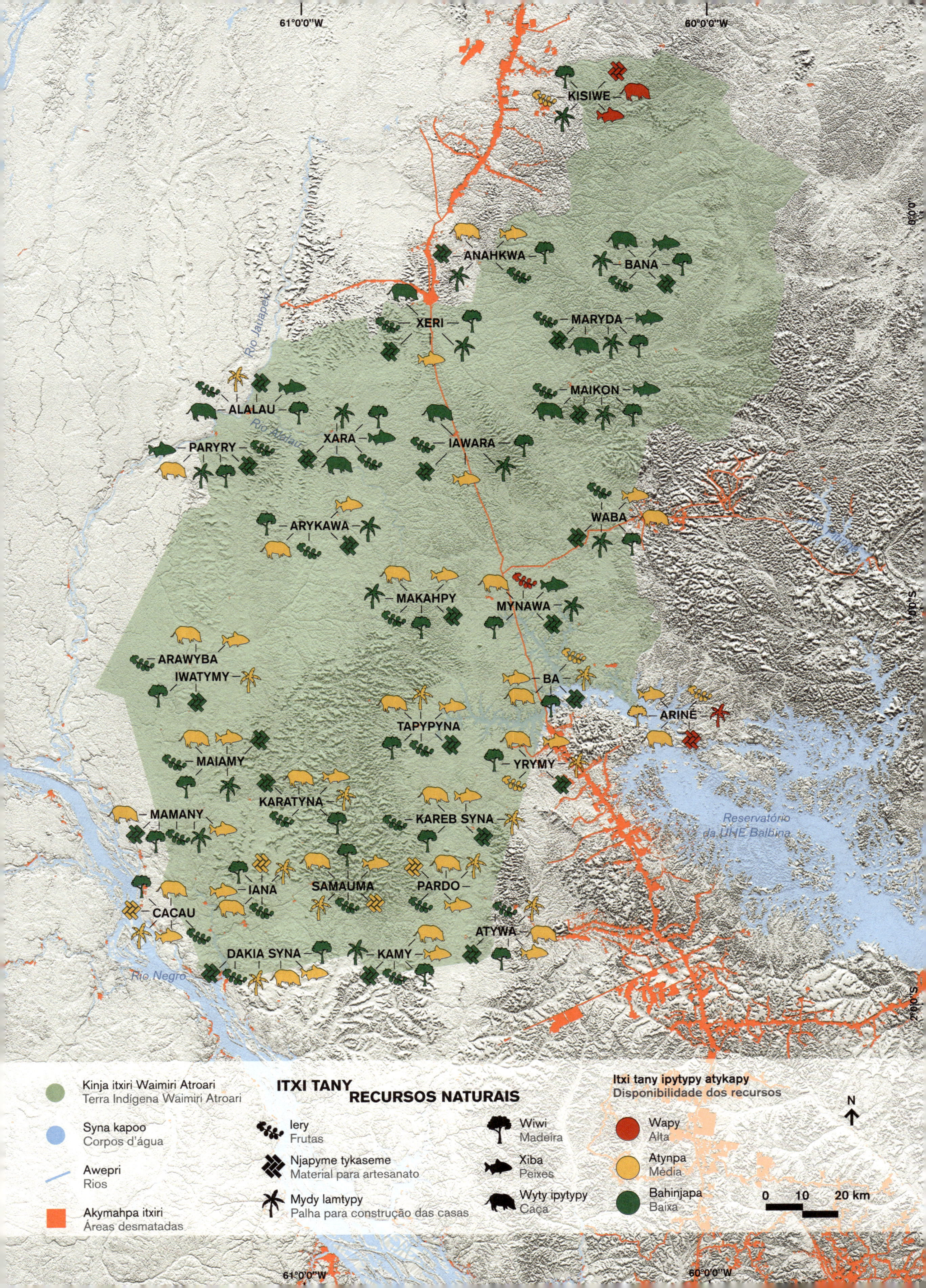
61°0'0"W
60°0'0"W
KISIWE
ANAHKWA
BANA
XERI
MARYDA
MAIKON
ALALAU
PARYRY
XARA
IAWARA
ARYKAWA
WABA
MAKAHPY
MYNAWA
ARAWYBA
IWATYMY
BA
ARINÉ
TAPYPYNA
MAIAMY
YRYMY
KARATYNA
MAMANY
KAREB SYNA
IANA
SAMAUMA
PARDO
CACAU
ATYWA
DAKIA SYNA
KAMY
Rio Jatapu
Rio Alalau
Rio Negro
Reservatório da UHE Balbina
1°0'0"S
2°0'0"S
Kinja itxiri Waimiri Atroari
Terra Indígena Waimiri Atroari
Syna kapoo
Corpos d'água
Awepri
Rios
Akymahpa itxiri
Áreas desmatadas
ITXI TANY
RECURSOS NATURAIS
Iery
Frutas
Njapyme tykaseme
Material para artesanato
Mydy lamtypy
Palha para construção das casas
Wiwi
Madeira
Xiba
Peixes
Wyty ipytypy
Caça
Itxi tany ipytypy atykapy
Disponibilidade dos recursos
Wapy
Alta
Atynpa
Média
Bahinjapa
Baixa
N
0 10 20 km
61°0'0"W
60°0'0"W

TYBAKAMY CAÇA

Wyty ipyty ram djapyma Kinja witxi tytotyme imany nyry txitxime, maikehe kaky ira panawapy nykwa na waha. Imany kaminja nykwa bakepa symany kapy ka wapa nykwa na araky. Symany kapy ka etyhpy na. Tynomy nykwa, mepri, petxi, pakia, kwata, kabaha.

A caça é importante pro Kinja se alimentar e sustentar sua família. Os avós dizem que na sua época tinha muita caça, mas como kaminja já caçou muito na terra de Kinja a caça diminuiu. Estamos tentando preservar. As caças preferidas do Kinja são anta, queixada, caititu, macaco, tatu.

etaty na 63 me tybakamaty ietaty na Kinja ia syna kany mydy behe

lista das 63 espécies de caça identificadas pelos Kinja nas aldeias do eixo rio

akenbehe tatu-canastra
akiri cutia
arawyta macaco-barrigudo
arawyta guariba
arykaka tracajá-iaçá
awyty mutum-vermelho
axiwi cutiara
byry iohy arara-vermelha
dadanja papagaio-cabeça-azul
derehe jacamim
iake jacaré-preto
iake tamixa jacaré-azul
iakemi jacamim
iamy nambu
iapykeni gavião-pequeno
iekere'e jacaré-açu
ieriki macaco-velho
ikyre´e jacaré-tinga
irimy socó
kabaha tatu
kaiaky veado-roxo
kapaxi tatu-galinha
karywaky papagaio
katywa pato-mergulhão
kiamyky tucano
kiery arara
kiwi cuxubim
kixiri mico-leão
kixoo macaco-cuxiu
kixy'y macaco-barbudo
kwany gavião-real
kwata macaco-aranha
kybaha tatu
kyry tucano-pequeno
kyrywaky papagaio-cabeça-de-estrela
manyma nakry tracajá-pequeno
marabia arara-azul
maree jacu
masyry tracajá
meky macaco-prego
mepri anta
miriri tatu-bola
pakia porco-caititu
paty pato-do-mato
petxi porco-queixada
sady camarão
saryma tamanduá-bandeira
sypa tracajá-do-igapó
syweri veado
tabee capivara
tarykaxa tracajá
txamyky tucano
waiamy jabuti
waiamyka jacaré-preto
waiamyka jacaré-açu
waiamytxa jabuti-açu
warara tartaruga
wariri tamanduá-mirim
waryna paca
wiria irara
witxiri preguiça
wyky mutum
xymydy preguiça-pequena

etaty na 50 me tybakamaty ietaty na Kinja ia kahuwa ima tany mydy behe

lista das 50 espécies de caça identificadas pelos Kinja nas aldeias do eixo estrada

akenbehe tatu-canastra

akiri cutia

arawyta guariba

arykaka tracajá-pequeno

awyty mutum-vermelho

axiwi cutiara

byry ohy arara-vermelha

dadani curica

iake jacaré-preto

iake tamixa jacaré-branco

iakemi jacamim

iamy nambu

iekere'e jacaré-açu-do-rio

ikyre´e jacaré-tinga

kabaha tatu

kaiaky veado-roxo

kapaxi tatu-galinha

kiamyky tucano

kiery arara-vermelha-de-cabeça-pequena

kiiwi cujubim

kixy'y macaco-barbudo

kwany gavião-real

kwata macaco-aranha

kybaha tatu

kyry tucano-pequeno-de-pescoço-amarelo

kyrywaky papagaio

manyma nakry tracajá-pequeno

marabia arara-azul

maree jacu

meky macaco-prego

mepri anta

miriri tatu-bola

pakia porco-caititu

paty pato-do-mato

petxi porco-queixada

sady caranguejo

suweri veado

sypa tracajá

tabee capivara

tarykaxa tracajá

txamyky tucano

waiamy jabuti

waiamyka jacaré-preto

waiamyka jacaré-açu-do-igarapé

waiamytxa jabuti-açu

warara tartaruga

warikiana sucuri (banha pra remédio)

wariri tamanduá-pequeno

waryna paca

wyky mutum-branco

xiwi nambu-galinha

XIBA MYRYKA TYPY / PESCA

3 Anyme ka bahinja nenype xiba myryka pyky nenype.Weri bahinja many ka nenype xiba myryka pyky.Imka kypy mydy na 3 km me, mie nysa awonji xiba myrykase, kanuwa ta. Aminjaky tyty paiky nysa tahmapa many. Kinja txiri wotykata na, Abonari, Mahoa, Jundia, Waba Manja, txi iwakany mydy Arine, aminjaky a'a kaminja iape'ia xiba myryka ta, Kinja itxiri iasa wotyka ta. Imany Kinja nypia, napeia, nakype karany iarata, kwademe xiba myrykany, minja iapeia ram Kinja. Xiba ram atykapy na Kinja Waimiri Atroari itxiri ta: Na pateki, eriwe, maryma, tyky, paky, matepixamy, imany xiba tyky. Xiba we'typyme Kinja maxa kame.

Com dois ou três anos a criança Kinja aprende a pescar. As mulheres também aprendem a pescar. Se for perto da aldeia, até 3 km, criança de cinco anos já pesca sozinha, de canoa. Para ir mais longe, tem que ir acompanhada por um adulto. Na fronteira da TI Waimiri Atroari, no Abonari, Mahoa, Jundiá, Waba Manja, Posto de Vigilância Ariné, é comum encontrar kaminja pescando. Quando Kinja encontra, aborda-o e faz explicação educativa. Na pesca ilegal, Kinja faz apreensão do material de pesca. Os peixes mais comuns na TI Waimiri Atroari são: traíra, surubim, piranha, mandubé, pacu, matrinxã e peixe liso. Para pescar, Kinja usa armadilha de peixe.

etaty na 58 me ka atykapy xiba ipytyhy na Kinja ia kahuwa ima tany mydy behe

lista das 58 espécies de peixe identificadas pelos Kinja nas aldeias do eixo estrada

akra acará
akra dydy'y acará-pequeno
amakra tucunaré
anaska juju-pequeno
ariwi surubim
arywana sulamba
asywa tucunaré-paca
babaxato peixe-liso
bararywa caraaçu
behe sarapó
brekyma piabinha
dyma pirara
iakyna jacundá
iwehe acará-preto
iwenywe bixi aracu-vermelho
kaia bodó-pequeno
karyne aracu-pintado
kirikiri mandi
kisiwi pyny matrinxã
kixi iakry jaú
koryeba sardinha
kymapadja piabinha
kymape jundiá
kynypypy matupiri
kynypypy jeju
madysyry bodu
maiadadaha peixe-triangular
maniki mandi
maryma piranha
masarywa jacundá
matepixam matrinxã-grande
paky pacu-caju
pakyxi piranha-caju
pareki poraquê
pateki traíra
patekidja traíra-pequena
pierike ou kadawyna pirarucu
taprepri peixe-agulha
tyky filhote-peixe-liso
tywanjaba tucunaré-pintado
waia mandiá ou bodó
waraky aracu
warypa jeju
wasaky tucunaré-paca
wiribie tyrynyny peixe-cachorro
wyseny peixe-agulha
xéri arraia

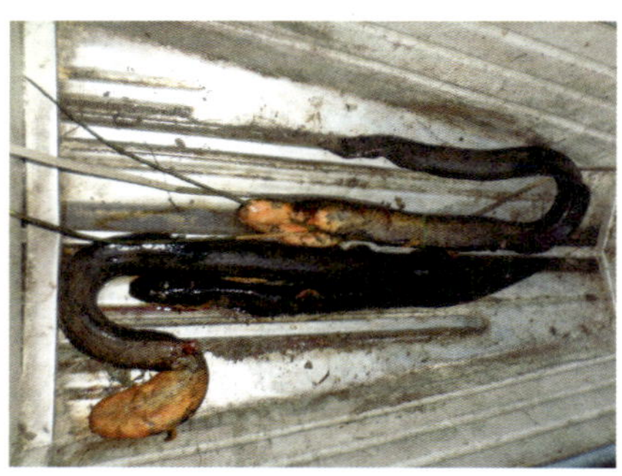

etaty na 72 me ka atykapy xiba ipytyhy na Kinja ia syna kany mydy behe

lista das 72 espécies de peixe identificadas pelos Kinja nas aldeias do eixo rio

atynpaxi tambaqui

petxi inata curimatá

akra acará

akra dydy'y cara-pequeno

amakra tucunaré

amakrabá tucunaré-vermelho

amakratywera tucunaré-grande

anaska juju-pequeno

ariwi surubim

arywana sulamba

asywa tucunaré-verde

behe peixe-elétrico

brekna peixe-pequeno-do-igarapé

dyma pirarara

iakyna jacundá

iriwí surubim

iwehe acará preto

iwenywe bixi peixe tipo jarutu

kaia bodó-pequeno-do-igarapé

karyne aracu-branco-pintado-do-rio

keri jaraqui

kimape peixe-liso

kirikiri mandi-grande

kisiwi pyny matrinxã

kixi iakry jaú

koryeba sardinha-grande

krawra peixe-agulha-grande

kybary tucunaré-pintado

kymapadja piaba

kymape jundiá

kynypypy matupiri

kyryry aracu-flamengo

maiadadaha peixe-peito-grande

maiki mandi-pequeno

manki mandi-verde

manyma piranha

masarywa jacundá-roxo

matepixam curimatã

matxixamy matrinxã

menywa cara-come-barro

pakixi piranha-vermelha

paky pacu-caju

pakyxi piranha-caju

pareki poraquê

pateki traíra

patekidja traíra-pequena

piepe peixe tipo poraquê

pierike pirarucu

sapapa cara-liso-preto

teptepry peixe-agulha

tyky mandubé

tymawa traíra-preta

tynypy aracu-pintado

tyrynypy aracu-comprido

tywanjabá tucunaré-verdadeiro

wadada jacundá

waia mandiá ou bodó

waraky aracu

warapypy aruanã-peixe-macaco

wararyba peixe-pequeno-do-igarapé

warymaxia peixe tipo piranha-vermelha

warynapy tucunaré-paca

warypa jeju

wasaky tucunaré-paca

wikiky jaratu-pequeno

wirikie peixe-cachorro

wiripinji peixinho-do-igarapé-raso

woxia mandi-pintado

wybyny aracu-pequeno

wyseny peixe-agulha

xéri arraia

xipidja bodó

Kinja ram waha itxi tany iery iabe, imany iery iabe weri, bahinja.Imany ampa iery tykakra ipe iewana.

Imany iery arabyry ipe iewa ka weri na bahinja wymahkypa. Iewerime ka myra napa imany weri tym tahkypa iery iewana myra ram iebanapa. Imany mixi, wesi, patauwa, kymy, atykapy ka Kinja iery iabe.

Mixi,wesi,kymy imany patuwa, Kinja wapy naryne kokyhny impa nysa itxi taka imany na maieny wapaky epe iaky waha mytyka ty ne, imany patywa iary iryia ahra tyme wiwi pyky tytyme, imany mixi pyky tytyme ram wareny wa'a iryia wa'a 18 milímetros pyky nosa, pina tytyta tyme imany nykytyia ape pyky impa netxa mapywaky,impa nytapeia wymaha txitxime, wokywa iexoho nywake wa'a pyky, imany patuwa iary kasa waiepy me impa nemixa txaka imany nytaminja axinjaty ke impa namytyia amoty ke itanympa ninjame mydy taka, impa weri nemixa impa nekytyia, amitxahkypa nakymia ekry pyky.

Os Kinja gostam muito das frutas do mato, principalmente as mulheres e as crianças. Há algumas frutas que bahinja (crianças) não pode comer porque têm veneno. Quando nasce o bahinja, a mulher não pode comer cacau se não pode ficar louca. Quando a mulher ganha a segunda menstruação, ela não pode comer nenhuma fruta, se não ficará com o dente estragado. As frutas preferidas dos Kinja são buriti, açaí, patauá, bacaba, entre outras.

Para pegar buriti, açaí, bacaba ou patauá, os Kinja se reúnem de manhã e vão para o mato, porque já pesquisaram onde tem muito fruta. Com o galho do patauá, fazem peconha para ajudar a subir na árvore. Se for subir no buriti, usam duas cordas de 18 milímetros. Chegando lá em cima, cortam o cacho da fruta e descem com cuidado e segurança. No chão, Kinja faz jamanxim com a folha trançando a folha do patauá, para as frutas não caírem. Enche o jamanxim de fruto e fecha com outra palha por cima. Quebra um pouco de cipó (envira) para trançar o jamanxim e leva para a aldeia. Na aldeia as mulheres colocam de molho na água quente e pilam para fazer mingau.

FRUTAS PARA ALIMENTAÇÃO

IERY TENYMY

etaty na 125 me iery na imany na atykapy Kinja ia kahuwa ima tany mydy behe

lista das 125 espécies de frutas nativas para alimentação identificadas pelos Kinja nas aldeias do eixo estrada

aka'a cupuaçu-do-mato

akai ingá

akana

akwa cipó-de-fogo

amakra ieba fruta encontrada na capoeira

amapa ipe amapá

amyty ipe fruta encontrada na beira do rio

anaskwa abiurana

anasywa abiu-do-mato-vermelho

arabyry cacau-do-mato

araryba fruta encontrada na terra firme

arawyba fruta amarela

arawyta pana ingá-nativo

arawyta xikyba fruta encontrada na beira do rio

aree fruta encontrada na beira do rio

areri fruta amarela macia

arywa fruta encontrada na beira do rio

asy fruta amarela arrepiada

atykamyra abiurana-comprida

atykymera fruta pequena

awahyma fruto-de-sapucaia

a'xa casca de madeira que se mistura no mingau do buriti

bakieri fruta tipo mapati

bikwe fruta encontrada na beira do rio

byty ipe ingá-grande

dakia fruta tipo mapati

dakydake ipe cacauzinho

dewi fruta tipo castanha

dja'a fruta medicinal

djikwiri ou dikweri ingá-nativo

hiri caju

iada'a fruta tipo abiu

iaí fruta do mato

iakem ieba olho-de-jacamim

iakemi ieba fruta-de-jacamim

iamy matyweriri cacau-do-mato

iatywa ipe fruta-de-formiguinha

iatywa pryma fruta-de-tiquitaia

iriapra fruta encontrada na beira do rio

kabaa fruta tipo mandioca

kaiaky iemyryba

kaminjany sorva

kaminjawa ipe

kamixa ingá-do-mato

kamyrera

kapixixi mapati

karemi ingá-do-mato

karina caranaí

karyba abiu

karybana buritirana

karyna

karyta

karytata ipe

katawyna

katxirinja

kopra

kwany sypry

kwaxi iemyryba

kwiiri

kwiriba

kxaryba ipe

kybaha iohy

kymy bacaba

kymy ba

kynabra ingá-do-mato

mabaia

madehe

mahrekyba

makra

makra ipe fruta-do-uxi-amarelo

manyka ipy

mapia ipe fruto-de-inajá

maryka

mawy

mehe

mepri kytawyna

mepyry samy kaba fruta-de-anta (medicinal)

mere ipe

merekia maracujá-do-mato

merepy pupunha

mipi taperebá

miri

mixi buriti

myrymyry ipe alimento e uso medicinal

pama fruta vermelha, pequena e azeda

pareki tekiriri fruta amarela

pariri fruta medicinal da roça

paryta maçaranduba

paryteki fruta da campina

patywa pataúá

patywa ieery fruta tipo pataúá

pryma fruta tipo matapi

sakiripia fruta pequena doce

sakraryba

sawa mandioca-do-mato

sity

syba caju-do-mato

sykymaa ipe tucumã

syrykwapa cacauzinho

sywasepry fruta tipo abiu

syweri pytakry fruta tipo carambola

tapriri ipe fruta tipo pataúá

tetyky castanha

tika bixi

tirywa

titiwi tipo de bacaba

tybotra bixi tipo de ingá

tyry ipe fruto-tawari

waiexkiri

wairaky abiu

wanyny fruta grande e doce

waryda fruta encontrada na beira do rio

waryky piquiá

watypyra cipó-cheiroso-gostoso

wesi açaí

wesi iemkry palmito

wetxipiri

wewepri tipo de açaí (come o fruto e faz sal)

wiri ipe fruta-palmeira

witxirinata fruta tipo amati

wo'o fruto-de-buçu

xibienji tipo de abiu grande e doce

xipripi taha fruta-coquinho

xipripri bahinja

xiripomy fruta tipo pimenta doce

etaty na 146 mehka atykapy ieraty na itxa ta Kinja witxi Kinja nypytyhy ietaty Kinja ia syna kany mydy behe

lista das 146 espécies de frutas nativas para alimentação identificadas pelos Kinja nas aldeias do eixo rio

aiwakyry

aka'a cupuaçu-do-mato

akaa ipe cacau-do-mato-pequeno

akai ingá

akana

akwa cipó-de-porco

amakra ieba fruta encontrada no mato

amapa ipe amapá-do-mato

amyna ibakra

amyty ipe fruta encontrada na beira do rio

anaskwa abiu-do-mato

ara'a fruta encontrada no mato

arabyry cacau do mato

araryba fruta encontrada no mato

arawyba fruta encontrada no mato e na beira do rio

arawyta pana ingá-nativo

arawyta xikyba fruta encontrada no mato

are'e fruta encontrada na beira do rio

are'e bahinja fruta encontrada na beira do rio

are'e taha fruta encontrada na terra firme

areri fruta encontrada no mato

arexiki fruta encontrada na beira do rio

arywa fruta encontrada na beira do rio

asy fruta peluda

asywara fruta do mato

atykamyra fruta do mato

atykme'ra fruta do mato

awahyma fruto-de-sapucaia

awaxi cana

a'xa casca de árvore para chá

bakieri fruta do mato

bikwe fruta encontrada na beira do rio

dakia fruta do mato

dedeke fruta do mato

dewi fruta tipo castanha

dja'a fruta do mato

djikwiri ou dikweri ingá-nativo

djkiri ingá-do-rio

iada'a fruta do mato

iaí fruta do mato pequena

iakem ieba fruta do mato

iaky isehry fruta do mato

iatywa pryma fruta pequena tipo uva

iweweri açaí-juçara

kabaa fruta usada com o beiju

kadirinja fruta do mato

kaiaky iemyryba fruta do mato

kaminjany sorva

kaminjawa ipe mapati

kamixa ingá-do-mato

kamyrera fruta do mato

kapixixi mapati-do-mato

kapixixi fruta do mato

kaprawa fruta do mato tipo uva

kapykapy fruta do mato

karaminja fruta do mato

karamixi fruta do mato

karemi ingá-do-mato

karyba abiu

karybana ou karyna buritirana

karyna caranaí

karyta fruta encontrada na beira do rio tipo pupunha

karytata ipe abacaxi-do-mato

karyty fruta do mato tipo abiu

katawyna uxi-garoa

katxirinji fruta do mato

keri pyny batata-roxa

kiawixi fruta do mato

kiiri fruta do mato

kopré fruta do mato

kremi ingá-do-mato

kwany sypry fruta do mato

kwaryba ipe fruta do mato

kwaxi iemyryba fruta do mato

kwiba fruta do mato tipo pupunha

kybaha ioly fruta tipo cuia

kymy bacaba

kymy ba fruta do mato

kynabra ingá–do-mato

kynawyba ipe fruta do mato

kynyry fruta do cipó-d'água

ma'a wokry fruta do mato

mabaia mamão

madehe fruta do mato

mahrekyba fruta do mato

makra uxi

manyka ipy açaí-pequeno-do-mato

mapia ipe fruto de inajá

mapysykyny fruta do mato

maryka cacau-do-mato

marykaiee fruta do mato

mawy fruta do mato amarela

mehe abiurana

mepi batata-doce

mepyry kytawyna uxi-do-mato

mepyry samy kaba fruta-de-anta

merepy ou myrepy pupunha

meri fruta do mato

mixi buriti

myry sybyry fruta encontrada na beira do rio

myrymyry ipe alimento e uso medicinal

pama fruta do mato

pareki txikiri fruta-d'água

pariri fruta do mato

paryta maçaranduba

paryteki fruta tipo maçaranduba

patywa pataúá

patywa iery fruta tipo pataúá

pirikiany fruta do mato

pryma fruta do mato

pytyh fruta tipo ingá

sakipiria fruta do mato

sakraryba fruta do mato

sawa mandioca-do-mato

sity fruta usada com beiju

sykymaa ipe tucumã

syrykwapa cacauinho

sywa iohy fruta do mato

sywasepry fruta do mato

syweripitakry cacau-de-capoeira

tapixixi fruta do mato

tapriri ipe fruta do mato

tarawu fruta do mato

tetyky castanha

tika bixi fruta do mato

titiwi tipo de bacaba pequena

tyry ipe tauari

wadakyny fruta do mato

wairaky abiu

walepexkri fruta do mato

wanyny fruta do mato

wara'a ipe fruta do mato

waryda tipo de uva encontrada na beira do rio

waryda bahinja fruta encontrada na beira do rio

waryky pìquiá

watypyra cipó-cheirosa

wesi açaí

wetxipiri fruta do mato

wewepri tipo de açaí pequeno encontrado no mato

wiri ipe fruta do mato

wiriapry fruta encontrada na beira do rio

witxirinata fruta do mato

wo'o fruto-de-buçu

xibienjy fruta do mato

xipripri bahinja fruta do mato

xiripomy fruta do mato

iery tenymy frutas para alimentação

Kinja mydy ram ampem na kaminja mydy pem kaha. A'a mydy ram yraky na a'a mery ia yryhy na. Kinja ia na cinco mehky myda ty ampem, a'a bahinja mydy iatyke aroxindja, wuky kamxa, mora mydy, mydy taha ram maryba katypy. Bahinja mydy ram na epy iake Kinja behe ne bahinje, imany ase mydy iamty pyna, imany taha mydy iamtypy ram njia. Imany a'a ase mydy iamia, imany piaty ipyia karany itxiri, imany tapyryma itxiri many, imany nykwa paty many, imany nipiatyme kaapa many, ipaiakypa Kinja kareme iepaiky kaapa iakytxa, impa Kinja mydy iamtypy injia. Taha mydy iamtypy ram 6 a 7 ka nenuwe itykapia, imany ampa mydy many nysesa, impa mydy iamy itykaha kypa aremy tyry bixikwa ipysa mydy maryba irytypyme.

A casa de Kinja é muito diferente das casas de kaminja. Kinja sempre morou assim mesmo na época dos avós. Os Kinja têm cinco tipos de casa: as casas pequenas são chamadas de aroxidja e wyky kamixa e as casas grandes são chamadas de mora e mydy taha. No mydy taha é que se faz o maryba. As casas pequenas são para famílias menores e, na época de abertura de aldeia nova, como casa temporária até as casas grandes serem construídas. Quando vamos fazer a construção da aldeia nova, pesquisamos um local de terra boa e com fartura de caça e pesca, limpamos a área e plantamos a roça. Depois, se a comunidade tiver gostado do local, voltamos e abrimos a área para construir a casa coletiva. Para construir um mydy taha, pode demorar de 6 a 7 meses, e todos da aldeia ajudam a construí-la. Depois de pronta a casa, o cantor da aldeia descasca o tauari para fazer a festa de inauguração.

CONSTRUÇÃO DE CASAS

MYDY IAMYTYPY

mydy iamytypy construção de casas

etaty na 47 mehka atykapy mydy iamytypy ipytyhy na Kinja ia kahuwa ima tany mydy behe

lista das 47 espécies de plantas para construção de casas identificadas pelos Kinja nas aldeias do eixo estrada

amoty suporte para xamaxi
asywara aabiu-arana
awaba louro
a'xa macucu-fofo (planta)
axinjaty cipó
dedewi travessa
iakypa envira-surucucu
iara pau-roliço
iatywaiepry
iawee caibro
kabaha tunyry
kabawa ripa
kanawyba
kapy kwany
kapykapy
karabana palha-carana
keneia palha-ubim
kwapitxenji
kybaha iohy
kymydyry
kyrywaky ie
mare'e sypry
merekry ipe
nyry travessão do meio da maloca

pakia dedé
paryta maçaranduba
paryteki
penji
peri porta
pyryma
sara giral
sasyra
tanapywa
tarawy
taxi
timixirika
txiri
tyny'y
tyry tauari
wakapy esteio
wanjinimie
warawura
waryxi
wemi
witxitxiriba quariquara
wo'o ia palha grande
xaxirany
xiryby

etaty na 61 mehka atykapy mydy iamytypy ipytyhy na Kinja ia syna kany mydy behe

lista das 61 espécies de plantas para construção de casas identificadas pelos Kinja nas aldeias do eixo rio

amotyh envira

aswara tipo de fruta do mato

awaba louro

a'xa tipo cacau

axi fruta-do-jabuti

aximiety cipó

axinjaty cipó-do-mato

dedewi travessa

dewy esteio

iakypa caibro

iara pau-roliço

iatywaiepry fruta-da-formiga

iawee caibro

kabaha tunyry madeira para construção

kabawah ripa

kamija wakapy quariquara

kamy tekyky sapucaia

kanawyba caibro para o malocão

kapy kwany caibro para construção de esteio

kapykapy fruta do mato

karabana palha-carana

karamyna iah palha média

karyba abiurana-amarelo

kenaiah palha pequena

kirinja madeira para esteio

kwapitxenji fruta-jaboti

kybaha iohy fruta do mato

kymydyry fruta-das-antas

kyryry kro' pau para caibro

kyrywa ie pau para caibro

mare'e sypry pau para caibro

merekry ipe fruta da capoeira

nehe abiurana-vermelho

nyry travessão do meio da maloca

pakia dedé pau para caibro

paryta maçaranduba

paryteki maçaranduba

penji louro (para esteio)

peri porta

piritxi flecheira do mato

pyryma fruta-matapi

sara giral

sasyra pau para ripa

tanapywa pau para caibro

tarawy pau para caibro

taxi pau para caibro

tmxirira pau para caibro

tyny'y pau para caibro e esteio

tyry tauari

tyryy envira

wakapy esteio

wanjinimie pau para caibro

warywara pau para caibro

waryxi pau para caibro

wemi cipó-d'água

wiriapy fruta do mato

woouiah palha grande

xaxirany pau para caibro

xinjaty cipó para amarrar

xiryby pau para caibro

xitamy espinheira

Waiepe ram Kinja nikiama, imany waiepe ram mie wytytypy iery ipe iatypy kaapa taka tykamamy, imany weri ia waty inatypy, imany waiepe na panatympa,impa Kinja amy kasa. Waiepe katypy ram atykapy na weri pyky, imany njia ram weri bahinja teimy ia waiepy kahpia tenpatyme, imany wykyry waiepe kasa weri nikiama me, imany kaminja napeia njapy pyky, myry Kinja nikiama pyky, imany njapy pehe ram Kinja iesa.

No dia a dia dos Kinja usamos o jamanxim para fazer viagem e carregar frutas da roça, as mulheres também usam para carregar a lenha. Quando o jamanxim começa a ficar velho, Kinja faz outro novo. Há jamanxim de vários tamanhos depedendo do tamanho da mulher. Tem menina de três, seis anos que pede jamanxim para o pai, e o pai faz para elas brincarem e pegarem a prática. É o homem que faz o jamanxim, mas é a mulher que usa. O que os kaminja compram como artesanato é o que os Kinja usam no seu dia a dia. A renda da venda do artesanato ajuda na vida das famílias.

ARTESANATOS

NJAPYME TYKASEMY BA

njapyme tykasemy ba artesanatos

WAIMIRI
ATROARI

etaty na 24 mehka njapyme tykasema ty na Kinja ia kahuwa ima tany mydy behe

lista das 24 espécies de plantas e sementes para fazer artesanatos identificadas pelos Kinja nas aldeias do eixo estrada

apirikinji casca de ingá–do-mato

baky arumã

eskené ipé semente de ubim

kawyry se tipo de atumã

kie atykyry bá semente

kymawa para fazer cesto

maira'a bahinja fruta preta (usa a semente)

marabia bá para fazer tanga

parykaba semente colorida medicinal

paxy'y ba paxiúba

piritxi ise semente pequena preta

samkaia fibra de buriti

saryma betykyhy cipó para fazer jamanxim

syyweri baky'y tipo de arumã

tararyba ipé semente tipo ubim

tymakyba semente

wahia para fazer abano

wakweri cipó

waryma arumã (para fazer pulseira)

waryma sakra arumã branco

wemi cipó

wodji para fazer panela de barro

ximiri jatobá

xinjaty cipó de titica

etaty na 27 mehka njapyme tykasema ty na Kinja ia syna kany mydy behe

lista das 27 espécies de plantas e sementes para fazer artesanatos identificadas pelos Kinja nas aldeias do eixo rio

apirikinji ingá-do-mato

awanyma sapucaia

baky para fazer pulseira colorida

eskené ipé semente

iakemi xinjatry cipó-do-jacamim

iawara sawari

kawyry se semente para fazer tanga

kiaiatyry bá semente

kymawa para fazer pulseira

maira'a bahinja semente

marabia bá para fazer artesanato e medicinal

parykaba semente colorida medicinal

paxy'y ba paxiúba

piritxi ise semente

samkaia talo de buriti

saryma betykyhy tipo de cipó

sueri tipo de arumã

tararyba ipé semente

tymakyba semente para fazer pulseira e bolsa

wahia artesanato

wakweri cipó para fazer jamanxim

waryma arumã (para fazer pulseira simples)

waryma sakra arumã (usos diversos)

wemi cipó-d'água

wodji para fazer panela de barro

ximiri jatobá

xinjaty cipó de terra firme

Kaapa iaty iwapy, Kinja nypia itxi karany pyky, tapyryma kixiri ireme wapy. Ipaikypa natyke piaty pyky maia behe ke. Atry wotykahkypa Kinja taha wiwi iakytxa wury ke, taha waty many nakytxa wury ke. Njinii njinkwe, 20 dias me mamymtyhkypa imany 1 mês me ka woi kaha nake sopia imany wiwi many, itanyme nitxamke akytyhy taka. Imka 3 dias me nateme woi kaha na terike imany njawa wana, imany myrytany me nitxamka iety atykyhy taka. kirikwahkypa ram ximpahky Kinja njiatxa ty, imany nakyne myrytany me ram txomtypy iatxa. Woky mynatry, awaxi ia, minja se, makaxira se, mepi, nana, mepi typohinja, keri, kaapa panaty tanyme ka myry kyryke, a'a ram mana tany nehpohy pymyhywa na, iexime ram na a'a witxiny ryky, xime mydy witxi, imany bahinja many ka myry kaapa pymy iesa.

Para abrir roça, primeiro Kinja localiza terra boa, terra preta. Depois, limpa o local com facão. Terminando a limpeza, derruba as árvores grandes, maiores, com machado. Esperamos de 20 dias a um mês para o sol secar as folhas e a madeira, e então botamos fogo na área. Se tiver três dias seguidos de sol bem forte e sem chuva, também já pode botar fogo na área. Depois da queima, tem que limpar a área de novo e aí começa a plantar. As mudas de banana, de cana, de mandioca, macaxeira, batata, abacaxi, batata doce, cará, vêm todas do roçado antigo, nós não usamos mudas que vem da cidade, todas são próprias dos Kinja. Todos da aldeia, até as crianças, participam do plantio da roça.

KAAPA TAKA TYPYMYMY
ROÇAS

etaty na 99 mehka atykapy planta typymymy ipytyhy na Kinja ia syna kany mydy behe

lista das 99 variedades de plantas cultivadas nas roças identificadas pelos Kinja nas aldeias do eixo rio

aikwase mandioca

akai ingá

ame'e pyny mandioca casca roxa

ameria mandioca meio amarela

arexa limão

awaxi cana–de-açúcar

awaxi bahinja cana-pequena

barywany mandioca-branca

behkiany se cana–de-açúcar

bexise mandioca

bixi se mandioca

dahkianyse cana–de-açúcar

dare'e mandioca-branca

duwahkiany cana-baixinha

dywa mandioca

emy'my pacova

iaby mandioca-branca

iaby ise mandioca

iadaduwa batata-doce

iakatxi banana-santomé

iaraky mandioca-branca

iaree isee mandioca meio amarela

iemy nana abacaxi-pequeno

inanwa mandioca-branca

kaieri banana-baé clonada

kairi banana-baé

kaiwa se mandioca-branca

kaiwe mandioca meio amarela

kamitxa mandioca-branca

karatyna banana-pacovan

karatyna banana -pacovan clonada

kariri banana-baé

karirinja ise mandioca

karywa planta-do-caroá

kaxiri ise mandioca pra fazer tucupi

keri batata-cará

keri pyny cará-roxo

kiriri banana-inajá

kisiwi urucum

kixo'o kmixa pacova

krepypy mandioca

kryme isee mandioca-amarela

kwatyna banana-pacova

kybyma banana-maçã

kybyma banana-maçã clonada

kybyma iaska banana-prata-zulu clonada

mabaia mamão

mabaia tykerira mamão-havai

mabaia xiwia mamão-amarelo

maikwera mandioca-branca

maina mandioca

mainase maniva

makaxira macaxeira

makwuxi cará-do-makuxi

mana ise cana-roxa

maniokwa mandioca meio branca

mareé ise mandioca

matora banana-prata

mepi batata-doce

mepi batata-cará

merepy pyny batata-doce-amarela

miriba biriba

mora coco-amarelo

mora coco-verde

motora banana-prata clonada

myrepy pony batata-doce-amarela

mytaha ipa mandioca branca (usada para a moça na primeira menstruação)

naka' waty cupuaçu

nana abacaxi

panapyna isee mandioca-branca

sakinji se mandioca-branca

sakra minja isee mandioca-branca

sami isee mandioca-branca

santa ise mandioca

taboca pyny mandioca

taha ipe banana-santomé

taky pyny batata-doce meio branca

tapany ise cana-fina

tarawu cana-de-açúcar

temeri mandioca (uso na festa)

tetyky pyny cará branco

tive ise mandioca

trairi isee mandioca-branca

tykadiry ka mandioca

tysyhna pyny batata-cará roxo

waira mandioca-branca

wapykany mandioca-branca

warasy pimenta-malagueta

warypa ise cana-de-açúcar

watyka banana que veio do pomar para ser cultivada na roça

wesi ou wasai açaí

woky banana-roxa

woky banana (diversas)

xirija wokry banana-roxa

xirinja ipe banana-são thomé

xiwia mandioca-amarela

xiwiase mandioca-igirim

xiwinana abacaxi-roxo

xiwunana abacaxi-pequeno

etaty na 86 mehka atykapy planta typymymy ipytyhy na Kinja ia kahuwa ima tany mydy behe

lista das 86 variedades de plantas cultivadas nas roças identificadas pelos Kinja nas aldeias do eixo estrada

aikwase mandioca

akai ingá

arexa limão

awaxi cana-de-açúcar

awaxi bahinja cana-pequena

bexise mandioca

dahkianyse cana-de-açúcar

dywa mandioca

dywa se

emy'my

iaby ise kinja cará

iakatxi banana-santomé

iaraky se

iare se

ie'my nana

kadaduwa batata-doce

kairi banana-baié

kairy banana-maçã clonada

kaiwa se

kaiwi

kamitxa se

karatyna banana-pacovan

karirinja se

karywa planta-do-caroá

kaxiri se

keri batata-cará

keri banana-roxa nativa

keri pyny cará-roxo

kiriri banana-inajá

kisiwi urucum

kixo'o kamixa pacova

krepypy mandioca

kybyma banana-maçã

kyratyna banana-pacovan clonada

mabaia mamão

mabaia xiwia mamão-amarelo

maikwera se

maina mandioca

mainase maniva nativa

makaxira macaxeira nativa

makwuxi cará-do-makuxi

mana isa cana-roxa nativa

manjikwera se

mare'e se

mareé mandioca nativa

matyra banana-prata nativa

mepi batata-doce nativa

merepy pyny batata-doce-amarela nativa

minja se

miriba biriba

mora xiwia coco-amarelo

mytaha ipa

nana abacaxi nativo

sakinji se

sakra minja se

sami se

santa ise kinja cará

taboca pyny mandioca

taha pyny

tapany se

tarawu cana-de-açúcar nativa

tetyky pyny cará-branco nativo

tive ise kinja cará

trairi se

tysynnapyny batata-cará

waira se

wapykany se

warasy pimenta-malagueta nativa

warypa ise cana-de-açúcar nativa

wasai mandioca nativa

watyka banana que veio do pomar para ser cultivada na roça

wesi açaí

woky

xaky mora coco-verde

xirija wokry banana-roxa nativa

xirinja ipe banana-são thomé nativa

xiwia behe se

xiwia se

xiwiase mandioca-igirim

xiwunana abacaxi-pequeno nativo

cupuaçu

banana-baé clonada

banana-prata clonada

banana-prata-zulu clonada

typymymy pymyhna txaty taka

plantas cultivadas nas hortas (junto com roças)

Iexime 31 mydy me, irapa ke iexime mydy kahuwa imata tany many irapa ke iaky ne syna kany mydy, nipehna iawyraryky 10 atykapymyryky typymymy paty na ie'xime mydy ta.

As 31 aldeias, tanto as do Eixo Estrada quanto as do Eixo Rio, identificaram as mesmas dez variedades cultivadas nas hortas das aldeias.

arexa limão

kisiwe urucum

minja byryry maxixe

sekeke quiabo

typypra ia chicória

tytymy waty abóbora

warasy taha pimentão

wasai açaí

wutuy kany coentro

wuty kantytypy cebolinha

Kinja ty ram araky wapy na kaminja wyty ty inhwana wapyna, imany Kinja ty ram amakry tyrypa iryia kaapa tatyme, amakry araky ram wapy njia Kinja wyty ty itxi tanaty impa na nykwaty iarymia, xiba many, impa aminjaky nysa ie'ery ipe iarymyse. Impa amy Kinja ram nykwaty pywasa tytome, karyka, paty, ovinos, xiba many.

Ie'exime ampa mydy tany many ram waty ke wyty bykwe, waharam Kinja ty wyty bykwe waharyky sewyraky. Impa Kinja taha ty ram ke tasykaia ipaiakypa Kinja nysa nykwa ipose amy Kinja ty ka syna motyky ipe mixi iarymyse txi tany iarymia tokryme yra ka Kinja nyryia. Impa Kinja nysa nykwa ipoiaky narymia ie'exime tokry manyryky, impa Kinja nynyryia xime xime kete kah myra nyryia. Impa waram ampeme yrytypy na, impa amy Kinja ty ka amakry tyrypa ty iryia.

Imany Njia ka typohnja wyta'ty, typohnji Kinja nynyty kebi ty. Yry ram Kinja nyryty kanji wyta ty, impa Kinja nymy myryke sanja ke imany nyryia mei mymyryke wytyme, impa kebi mymyryke aweri ke.

Meia ty ram wyty tapyraty wyty many tynasemy, iexime ka Kinja myry mei keia tíbe ietyme, imany myry mei kame Kinja maryba tapesa wahpa Kinja wepaiky ka Kinja nykamyia paxira naka yry maryba ram nywyryte 3 dieme imany Kinja nywe waha, apiaiky iaky bahinja pitypy nywyryte yratyryky ram karanaty a'a txi. Imany itxi wa ram Kinja txi kareme kapyna imany wyty wa, imany itxi ipe wa yra ram Kinja maryba ty wa nitxe.

TYNASEMY / SEGURANÇA ALIMENTAR

As comunidades Kinja não costumam adquirir alimentos produzidos fora da Terra Indígena. Os alimentos são produzidos nas aldeias e as principais fontes de alimentação são as roças, a pesca, a caça e a coleta de frutas nativas. Parte da alimentação é complementada por meio da criação de pequenos animais (galinhas e patos), da criação de ovinos e da piscicultura.

Cada aldeia tem uma cozinha onde os alimentos são cozidos no fogo a lenha. Muitas vezes, as refeições são feitas de modo coletivo. Uma liderança da aldeia organiza as pessoas para caçadas, pescarias ou coletas de frutos (como buriti) na floresta. Nesses casos, tudo é feito junto e a comida dividida entre todos. Sempre que há muita comida é assim que acontece. Fazer tudo junto não é necessariamente a regra, outras vezes, pessoas de uma família fazem suas próprias refeições.

Existem muitas comidas que os Kinja gostam de comer. O kebi, por exemplo, é uma especialidade da culinária Kinja. Preparado com uma massa de farinha de mandioca e beiju, é um bolinho que pode ser recheado com carne ou peixe e também pode ter castanha do Brasil adicionada a sua mistura.

O beiju também é um acompanhamento importante das refeições. Todas as famílias preparam beiju, especialmente quando é chegada a tradicional festa do Maryba, quando grandes quantidades são distribuídas para guarnecer as refeições dos convidados. O Maryba é uma festa de três dias com muita dança, cantos e abundância de alimentos, onde acontece a iniciação das crianças. Sem território, sem comida, sem fartura de recursos naturais, não há festa, não há ritual.

apiaty iaky kareme diapyme Kinja wytytyme nepe?
o que seria importante fazer para melhorar a alimentação?

apiaty nepe **propostas de projetos**	syna kany mydy nº de aldeias do eixo rio	kahuwa ima tany mydy nº de aldeias do eixo estrada
taheme ka kapatyne segurança alimentar	2	3
diakaha nykwa pywatypy xiba many ter maior disponibilidade de caça e pesca	3	11
nykwa behe pywatypy ampliar criação de animais	8	4

wyty kantypy
horta

karyka pywatypy
criação de pequenos animais

paka pywatypy
criação de gado

nykwa bii pywatypy
criação de animal silvestre

xiba pywatypy
piscicultura

iery iemitxipy
extrativismo

apiaty iaky kareme tynasemate Kinja ty irypia

atividades que são importantes para a alimentação das famílias

kahuwa ima tany mydy

aldeias eixo estrada

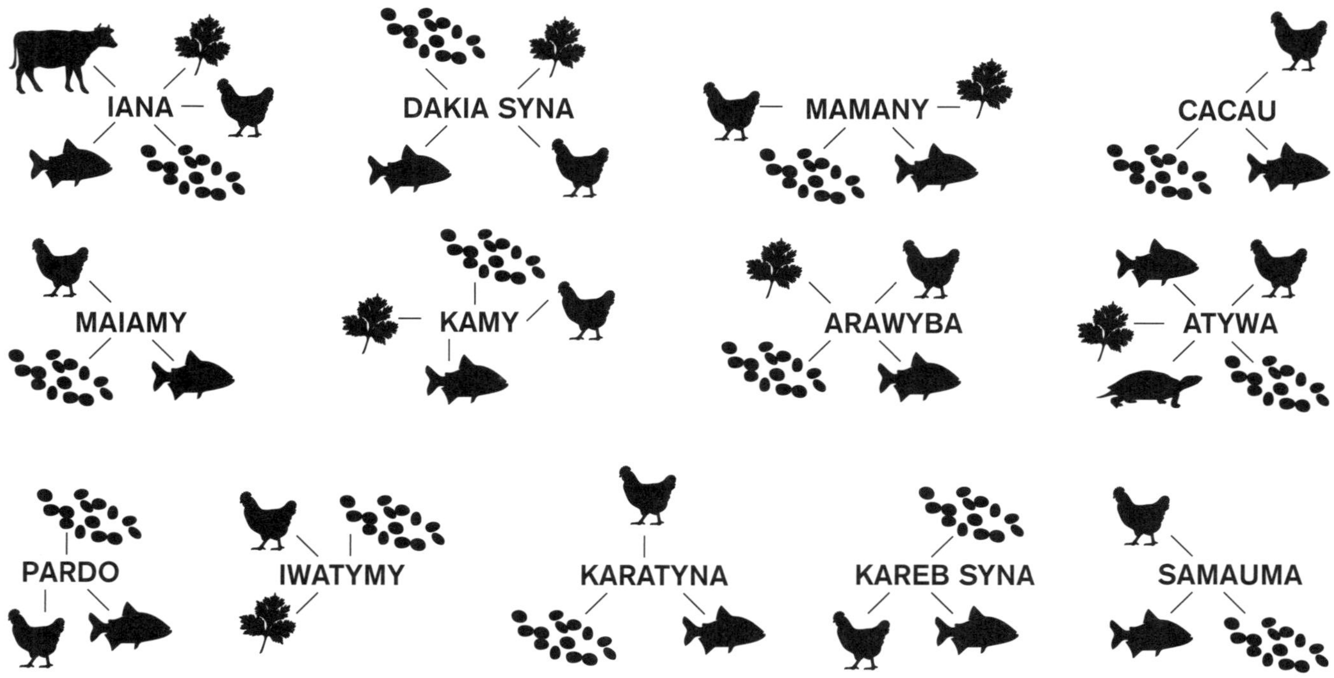

syna kany mydy

aldeias do eixo rio

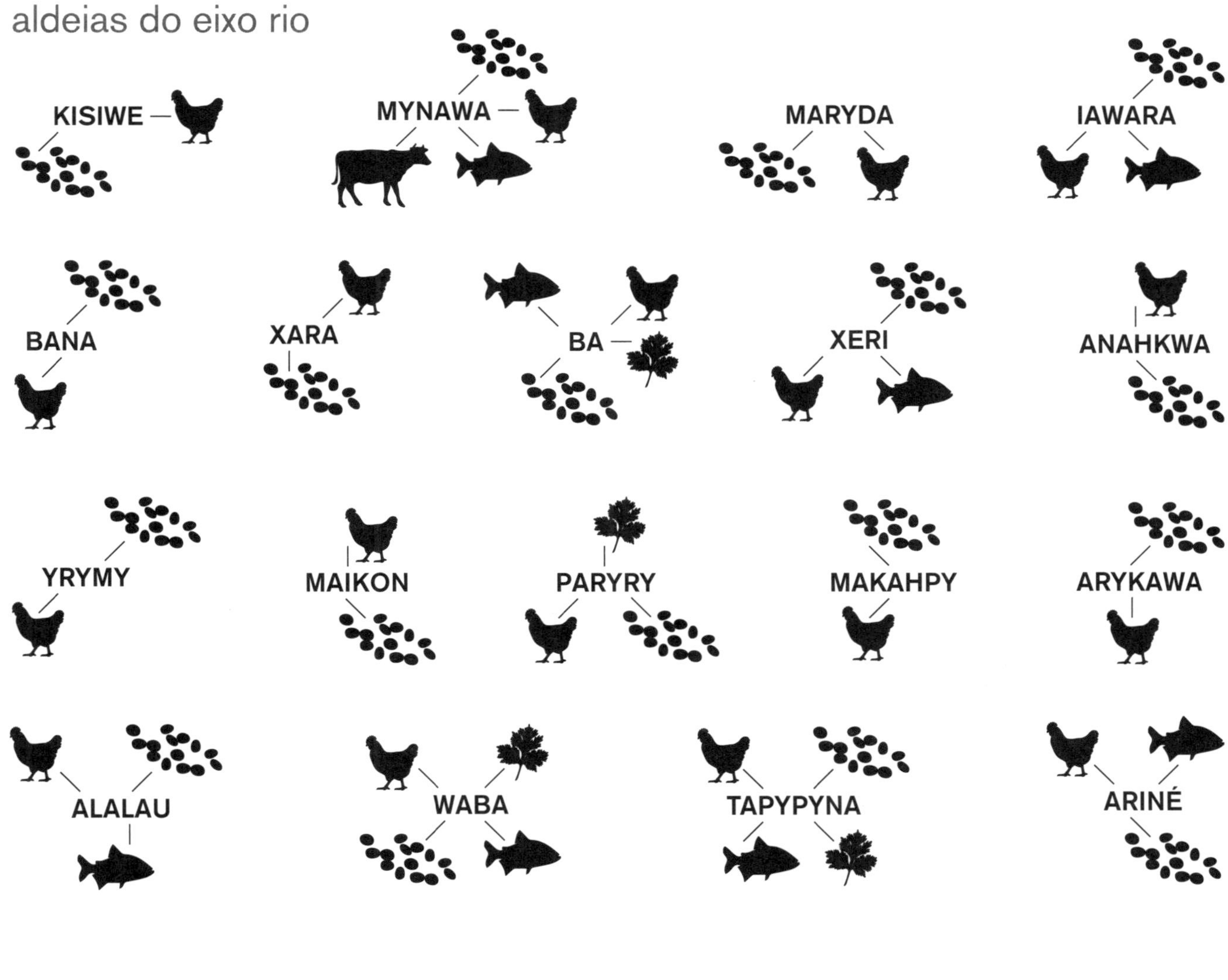

Waimiri Atroari itxiri ta ram njia kaminja ty ienpaha médica ty, pwa kaminja ty. Kinja iepinjiny kaminja ty kaby, imany iohtxahna 1 médica coordenadora, 2 enfermeiras, 1 odontóloga, 15 técnicos de saúde e 1 farmacêutico. Imany na njia Kinja wenpaha microscopista ty, imany Kinja wenpaha na kiamaty pyky, impa Kinja nysa Mana taka tenpaha nypy kwapyse. Imany araky na 68 me ka Kinja iepinjine wenpaha na. Imany na 15 me makrykry bi bakany.

2016 taka ram bahinjehky malária we'xuhy 8 mehky, imany kiarymapyhy na Waimiri Atroari itxiri ta bahinjehky ie'xuhy pyky. Imany kwa karymapyhy na ira, Sistema de Informação de Vigilância Epidemológica – Malária (SIVEP Malária/ Sistema Único de Saúde), imany Waimiri Atroari itxiri ta ram waha kaha na, imany Estado Amazonas ta ram waha Malária kaminja bake waha.

Kyrywy njikahpa iary ia, kawy imahpa, imany ietypapa, malária falcípora behnapa, impa a'a Kinja iaryia mana taka PWA nape'xuhy iraxa ta. Impa pwa kaminja Kinja iaryia hospital taka.

Kinja ram kareme terypa nasa, imany waha mytyky iryia, imany maryba na waha, imany symany kapy na kareme, imany kokyny Kinja nymamia imany nykopia kokyny,imany mei nasa, imany wesi, mixi, woky, patywa, mepi, amy many. Waha a'a nysa kaapa taka, amy nysa xiba myrykase nykwa ipyny many, imany itxi ipe iaminy many, imany a'a itxi iapynasa.

Kinja ia ram njia wyptxaty, imany njia wiwi iepy itxi iary wiwi nyty many. Imany Kinja ase ram nenpe Kinja tahmapa many, wopitxi kamatypy pyky. Imany ampa ietypa witxi ram a'a remédio da farmácia kame.

Yry 2014 taka ram yry ietypaty na Diadetes, Alcoolismo, Hepatites e Pressão Alta wana mydy ta. Yry ano ta ram nepiany Malária, Infecção respiratória, DDA (Diarreica) keky, imany itywohpa (Acidentes) many.

SAÚDE KAREME WITXIPY

Kinja tem uma boa alimentação, realiza muitas atividades e faz muito Maryba (festa tradicional), por isso temos uma boa saúde. Todo dia pela manhã Kinja acorda, toma um banho, come beiju de mandioca, mingau de açaí, buriti, banana, patauá, batata-doce, entre outros. Muitos vão para roça, outros vão pescar, caçar e coletar frutas nativas e também fiscalizar nosso território. Kinja usa os remédios de sua cultura, são chás de cascas de árvores, folhas, raízes. Os jovens aprendem com os mais velhos a medicina tradicional dos Kinja.

Para algumas doenças que não existiam antes e vieram dos não indígenas, nós precisamos de remédios da farmácia.

Para o atendimento de saúde na TI Waimiri Atroari há uma equipe médica contratada pelo PWA, que só atende os Kinja. A equipe é formada por: uma médica coordenadora, duas enfermeiras, uma odontologista, 15 técnicos de saúde e um farmacêutico. A equipe visita todas as aldeias, fazendo o acompanhamento da saúde das crianças, mulheres, homens e idosos. Além disso, há 27 microscopistas Kinja nas aldeias, que aprenderam as técnicas de detecção de malária. Isso é muito importante, pois se identifica em quais casos é necessária a remoção imediata para tratamento na cidade, salvando muitos Kinjas. Antes os microscopistas eram todos não indígenas, mas os Kinja apenderam a técnica e hoje são diplomados por cursos em Manaus. Além disso, há 68 Agentes Indígenas de Saúde (AIS) e 15 Agentes Indígenas de Endemia (AIEN).

Em 2014 não foi identificado nas aldeias pesquisadas nenhum caso de diabetes, alcoolismo, hepatites e pressão alta. Nesse ano as doenças mais recorrentes foram: malária, infecção respiratória, DDA (Doença Diarréica) e acidentes.

Em 2016 houve poucos casos de malária entre os Kinja, apenas oito, confirmando a tendência de redução de número de casos na TI Waimiri Atroari. De acordo com dados do Sistema de Informação de Vigilância Epidemológica – Malária (SIVEP Malária) do Sistema Único de Saúde (SUS), segundo a classificação da Organização Mundial da Saúde (OMS) relativo ao risco de malária, em 2016, a TI Waimiri Atroari está em baixo risco enquanto o restante do Estado do Amazonas encontra-se em alerta porque está em médio risco.

No caso de acidentes como picada de cobra, queda da árvore, ou outra doença grave, como malária falcíparo, fazemos a remoção do Kinja com a lancha da saúde, comprada pelo PWA, o que garante que cheguemos a Manaus para o atendimento no hospital.

bahinja imany taha wybatyhy 2014 ta

mortalidade infantil e de adultos em 2014

2014 taka ram bahinja njiahtypiany 14 me impa nympiany 8 me tíahtapa, imany 4 me nypiany ietypa behne, 1 me nympiany meningite bacteriana behne imany nympiany1 me choque sético behne.

2014 taka ram Kinja tahpa iahtaha nepiany.

31 mydy ta nenpypa impa 4 mydy ta ram wanaky posto de saúde mydy ty 2014 taka (Yrymy, Arine, Ba imany Mkahpy). Imany Kinja iepinje typy mydy pyky Kinja namypia.

Em 2014 ocorreram 14 mortes infantis, sendo oito casos de natimorto, quatro de causas indeterminadas, um de meningite bacteriana e um de choque séptico. Em 2014 não ocorreu nenhuma morte de adulto Kinja.

Das 31 aldeias pesquisadas, em quatro não havia posto de saúde em 2014 (Yrymy, Ariné, Ba e Makahpy). Nessas aldeias estão sendo construídos os postos de saúde.

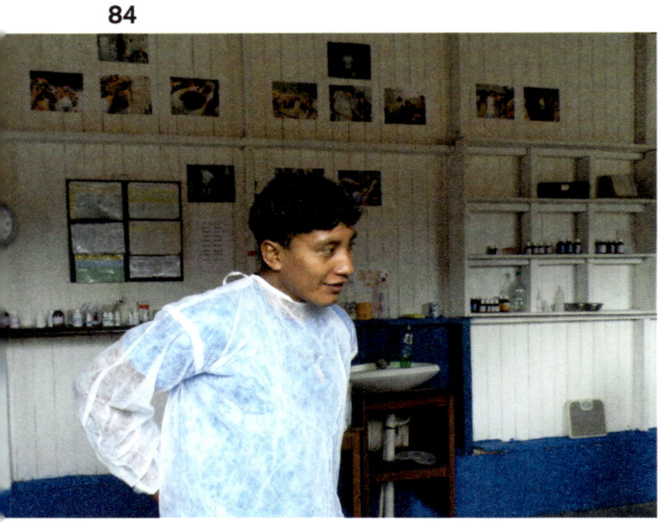

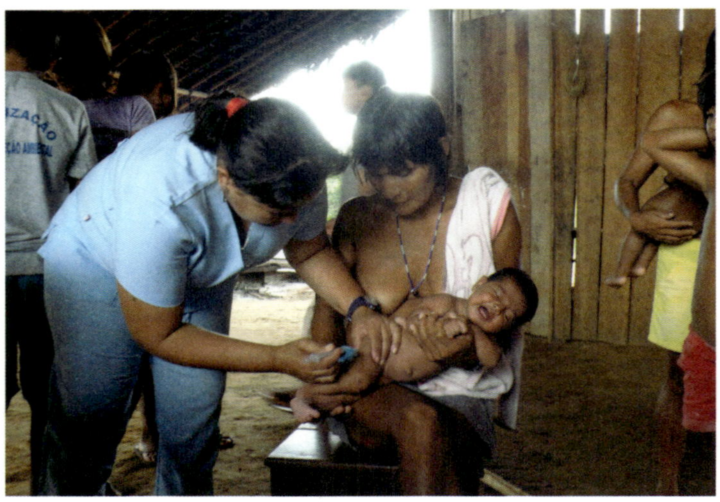

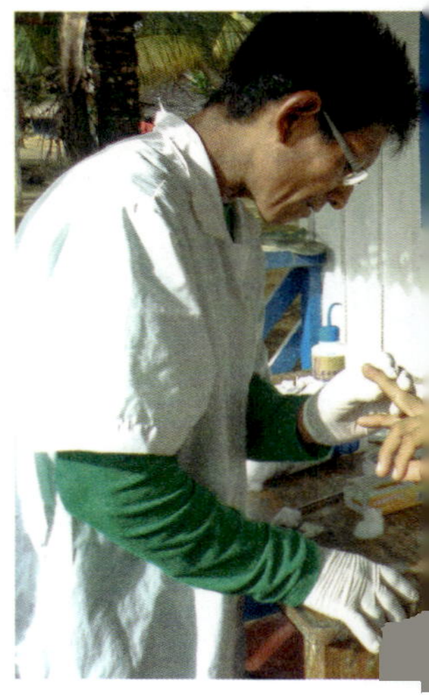

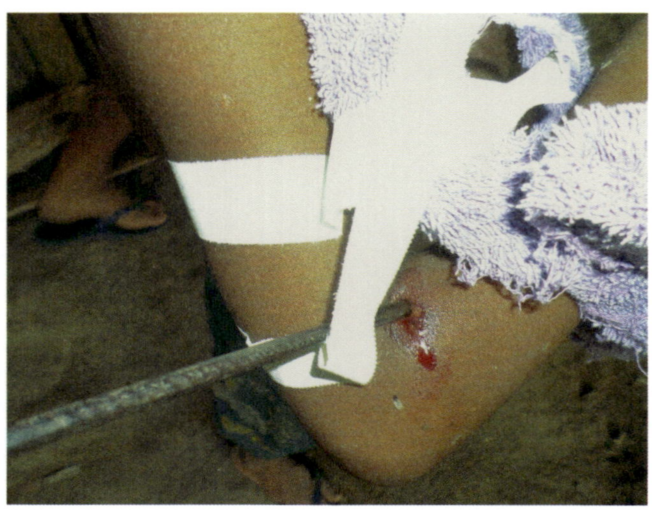

ietypa wexuhy 2014 taka
ocorrências de doenças em 2014

ietypa doenças	Waimiri Atroari itxiri TI Waimiri Atroari	syna kany mydy eixo rio	kahuwa ima tany eixo estrada
Malária	4 mydy 4 aldeias	3 mydy ta amy ietypa wexuhy 3 aldeias (alguns casos)	1 mydy waha wexuhy na 1 aldeia (muitos casos)
Infecção respiratória	3 mydy 3 aldeias	1 mydy ta ietypa wexuhy 1 aldeia (alguns casos)	2 mydy ta ietypa wexuhy 2 aldeias (alguns casos)
DDA	2 mydy 2 aldeias	2 mydy ta ietypa wexuhy 2 aldeias (alguns casos)	
Acidente	2 mydy 2 aldeias	2 mydy ta ietypa wexuhy 2 aldeias (alguns casos)	

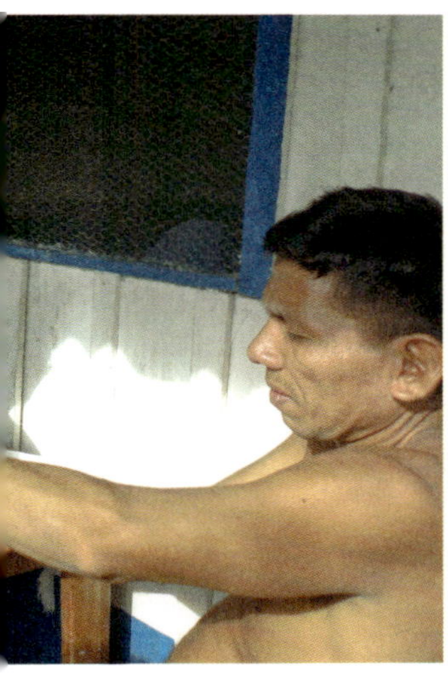

Iexime Kinja mydy na awepri iasa ta, imany syna iasa ta. A'a ram awepri imany syna kaka nykopia, imany syna myda sakra kame woky iakymty pyme imany wyty bykwaty pyme, imany syna ram sakra imany na kareme. Imany a'a filtro de barro kame ietypa iapexuwa tí txime imany kareme bahinja witxipyme.

Todas as aldeias Kinja ficam próximas de rios ou igarapés. Nos rios tomamos banho e dos igarapés e olhos d'água tiramos água para beber, fazer comida e fazer mingau. Nossos rios e igarapés tem muita água, são limpos e preservados. A maioria de nossas aldeias tem filtros de barro para evitar doenças, principalmente nas nossas crianças.

SYNA
ÁGUA

syna **água**

MARYBA

Maryba ram a'a ikaa pary imany a'a witxiny, imany a'a ram panary yry maryba katypy we'xuhy wie, arakyny kapy ka anji a'a maryba. Imka amy bahinja wykyry me nyme ipaiky Kinja na maiedyme kaha maryba ram nitxape katypy pyky. Imany a'a maryba iryia wurypemy kaha bahinja witxipy me imany nykwa iapreme bahinja witxime, imany Kinja karany me itxipyme. Impa aremy Kinja ia tyremtxahkypa bahinja nensa imany aremy ieky iape'ia, ipaiky nypewe wenepyme.

Bahinja imy ram wapy maryba minja iryia, impa nyryia, matyty, tapinja, mare,pyrywa,manji, wure. Impa bahinja sany nyryia, karywa byrykaha, warypa imoty,mada,mei, minjakaha many, impa yry iryia maryba tapesa ebaha Kinja inaka, imany yry ikamia ieximе Kinja inaka typanjiri imany tynatyky inaka matyba ta.

Impa maryba minja wotykahkypa bahinja katyba iehmia mapyry ke, impa Kinja katyba iwasa iry imamyryta bahinja imy katyba iaia ampa myda tany iepase, imany katyba iaminjeke bahinja imy amy mydy wara imany Kinja na maidykahry tepahkypa apiakypa iake maryba nywyry ta tape katypy pyky. Impa ebaha Kinja nykwa bake waha paty me, imany Kinja nykwa iake atykapy paty me. Impa bahinja sany mei ke'ia waha sanja,minjakaha, minjakaha iakwaha many
 woky kany me, imany wyty intypy me maryba ta.

Katyba ram atykapy Kinja nyryia taha me imany bahinje impa amy na 14 dias me imany 1 nenuwe me, yra ka Kinja nyryia imany miieny Kinja iepaiky ram mixopy katyba iryia Kinja, kypyny mydy iepa iaky ram katyba iryia Kinja tawyky.

Maryba ram aremy njikiapyry imany njia ka ase Kinja wenpatyty maryba kapyry pyky, imany Kinja taska ienpe maryba kapyry pyky maryba ta, imany aremy Kinja ram yra taska ienpe ty iohta. Impa Kinja taska inepysa ampa mydy tany many, imany ase Kinja ty weryky inepysa imany ase weri ty bemkyry inepysa, aminjaky ram ase Kinja nywatxa maryba pahtaka.

O Maryba é uma festa tradicional muito importante para os Kinja, é uma festa que fazemos desde sempre e é muito importante para a nossa cultura. Quando nasce um menino, todos sabem que vai ter Maryba. A gente faz essa festa pra que esse menino seja trabalhador, bom caçador, bom pescador e um forte guerreiro; para que esse menino seja uma pessoa de decisão. O menino logo depois que passa o Maryba tem diversos sonhos, pode ser recebendo a lança do cantor ou com onça, ariranha, gavião real, entre outros; esses sonhos fortalecem o corpo dele e aumentam sua sabedoria.

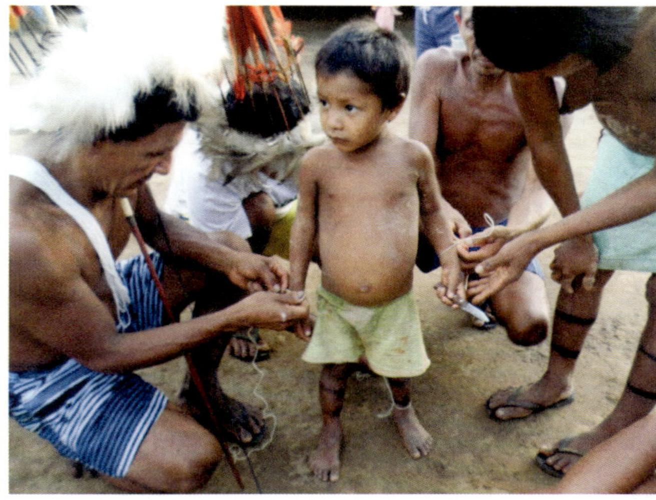

O pai da criança é responsável por organizar o Maryba, a preparação demora um mês, fazendo flechas, artesanatos, peneiras, cestos, abanos, breu para amarrar as pontas das flechas. As flechas são feitas para dar para os convidados do Maryba. A mãe do menino confecciona karywa (cordas para amarrar as flechas ou pôr no arco) e esteiras que também são distribuídas para os convidados. Depois o pai do menino prepara o katyba (tipo de calendário feito com pedaços de frexeira mapuru). Quando termina o katyba, os Kinja fazem uma dança do ensaio do katyba. No dia seguinte o pai começa a visitar as demais aldeias e distribui o katyba.

Quando o pai da criança entrega o katyba em uma aldeia, a comunidade já sabe quantos dias vai ter para se preparar para a viagem. Os homens convidados vão caçar, moquear a caça e pescar para que tenha muita fartura durante o Maryba.

Enquanto os convidados estão caçando, a mãe da criança prepara muito beiju, muita farinha de tapioca e muita goma para misturar nos mingaus de banana, patauá, buriti, açaí, entre outros.

O katyba pode ser de vários tamanhos, pode ser de 14 dias ou de um mês, depende se o Maryba vai ser para todas as aldeias da TI Waimiri Atroari ou apenas para as aldeias mais próximas.

O Maryba é compromisso dos cantores, que têm seus aprendizes que aprendem os cantos antigos durante o Maryba. É por meio dos cantos que os Kinja passam para os mais jovens seus conhecimentos. O Maryba fortalece a cultura Kinja e o conhecimento dos jovens guerreiros. É um momento das famílias que moram distantes se reverem, dos jovens encontrarem namoradas e namorados, e é onde muitas vezes iniciam-se os casamentos.

maryba

Maryda mydy ta ram wa wenpatypy mydy naky pesquisa irypaiky, imany 2016 taka wenpatypy mydy iampiany.

Wenpaty mydy ta Kinja nenpe Kinja iara metytypy pyky imany kaminja iara metytypy pyky. Apykyry typy ta ram Kinja ienpany naky kaminjaryky, imany araky ram njiapa Kinja wepaha, Kinja ienpany me, imany Kinja ram txehema trabalho iryia Kinja behe txi.

Imany Kinja wenpatypy ram ampeme na, impa Kinja nenpe atykapy, impa nenpe wyty ipytypy pyky, imany kaapa iakytypy pyky, imany maryba pyky, imany njapy katypy pyky.

Amy mydy ta ram Kinja internet kame, Kinja inpany ia ram njia computador ty, imany internet kame Kinja ienpaty ipytypy me. Imany Kinja taha ram internet kame kwa itatypy me, ampa kaminja taha ianaha ipytypy me, imany ampa Kinja ikaa ipytypy me, imany ira iaky kaminja Kinja ikaa pyky naryne, imany ira iaky Kinja ikaa metxa ampa kaminja ipa ipytypy me.

Escola ta a'a wenpatypa'ty ram karana'ty, imany kareme peepe metyhy itaty pyme kaminja iara ta, ampa kaminja ia documentos iamyhy ipyty pyme a'a ia. Pana ram wapy kaminja ia a'a me'ry ikwaha wie.

Kaminja ram Kinja itxiri ta empreendimentos irysypesa peepe iamyia tara taryky, imany Kinja ram kareme kaminja iara metyhy ipytywa na, imany amaty ram nenpa itxi iakymatypy ikaa, Estudo de Impacto Ambiental – Componente Indígena – Waimiri Atroari (EIA-CI-WA). Imany Kinja ienpany kaminja iara iamyhy memetypa Kinja iara taka, kareme tahmapa, txamyrypa Kinja ia tatyme, itxi iakymatypy ikaa pyky Waimiri Atroari itxiri ta. Impa Kinja iexime nenpa linhão iamtypy iamaha, apieme iake myry ram sociais, ambientais, econômicos e culturais, Kinja witxi kwada insa symany kapy iexme Kinja amaha na myry ikaa pyky.

EDUCAÇÃO / WENPATYPY

Na época do projeto apenas a Aldeia Maryda ainda não tinha escola, em 2016 foi construída a escola nessa aldeia.

Nas escolas os Kinja aprendem a ler e escrever na língua indígena e em português. No início os professores não eram indígenas, atualmente todos os professores são Kinja. Os professores Kinja não recebem remuneração, eles desenvolvem um trabalho voluntário e integrado com as comunidades.

Os Kinja têm ensino e calendário diferenciados, que incluem suas atividades de caça, pesca, roça e as festas como parte do aprendizado dos alunos. A maioria das comunidades tem acesso à internet, os professores têm computadores e usam a internet para fazer pesquisas, o que também ajuda na preparação das atividades para os alunos. A internet é usada também pelas lideranças Kinja para saber sobre a política nacional, sobre outros povos indígenas e para ver o que os não indígenas escrevem sobre os Kinja.

Para os Kinja a escola é importante para termos mais conhecimento, aprendermos o português, entendermos os documentos que vêm de fora, para a gente se defender. Quando os nossos avós não sabiam o português, eram enganados pelos brancos.

Os não indígenas, quando querem um empreendimento na Terra Indígena, fazem documento em português e tem várias palavras que Kinja não entende, como, por exemplo, estudo de impacto ambiental. No caso da Linha de Transmissão 500KW – Manaus-Boa Vista, os professores indígenas traduziram para a língua indígena o Estudo de Impacto Ambiental – Componente Indígena – Waimiri Atroari (EIA-CI-WA). Esse trabalho dos professores foi fundamental para que os mais velhos compreendessem os impactos desse empreendimento na TI Waimiri Atroari. Todos os Kinja se posicionaram contra esse Linhão, que, caso venha a ser construído, trará muitos prejuízos sociais, ambientais, econômicos e culturais para o povo Waimiri Atroari.

Kk Mm Nn
Oo Pp Rr
Ss Tt Uu
Xx Yy Ww

KWADEME YRYNY

PRESSÕES E AMEAÇAS

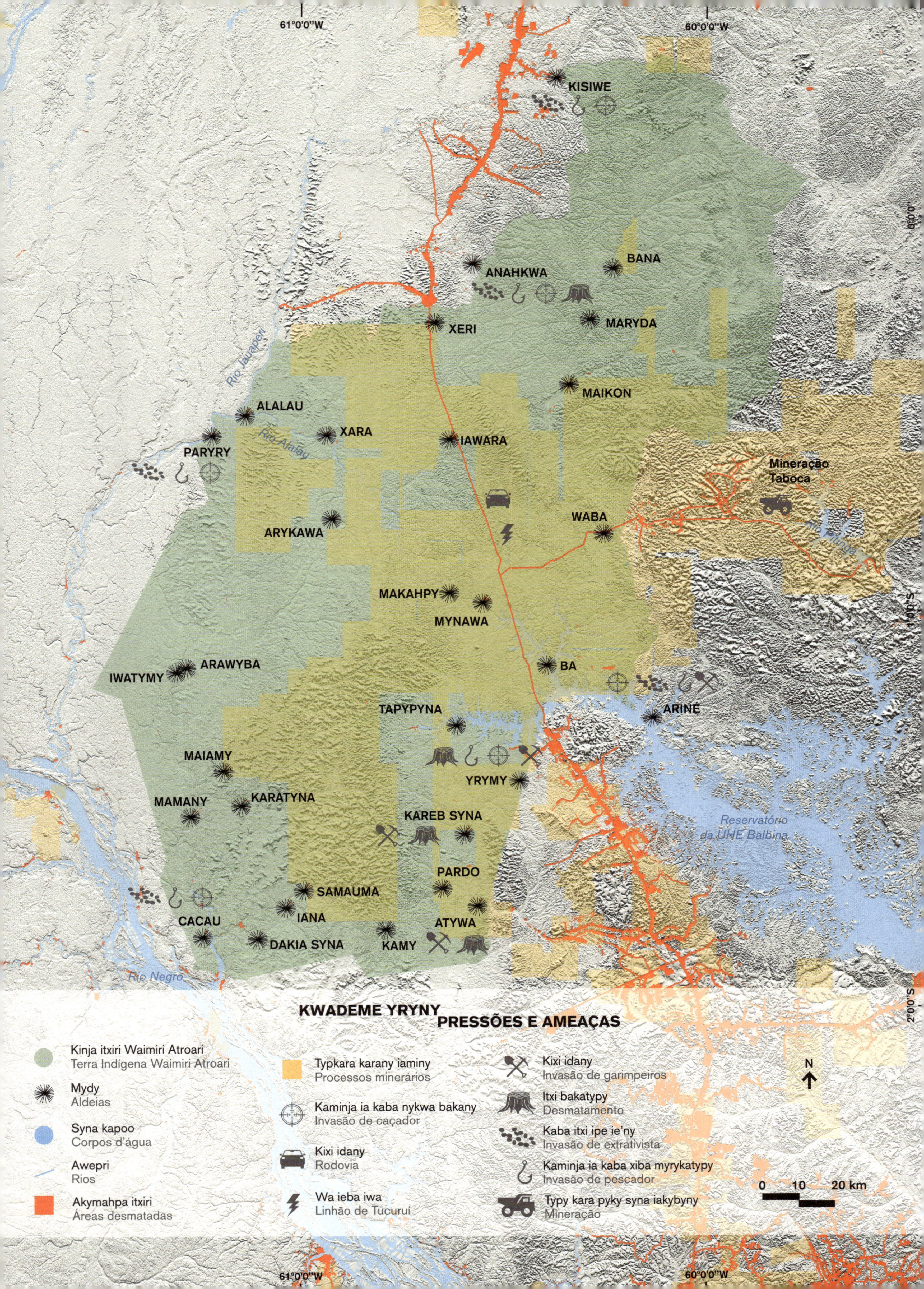
61°0'0"W
60°0'0"W
KISIWE
BANA
ANAHKWA
XERI
MARYDA
MAIKON
Rio Jauaperi
ALALAU
XARA
Rio Alalaú
PARYRY
IAWARA
Mineração Taboca
ARYKAWA
WABA
MAKAHPY
MYNAWA
IWATYMY
ARAWYBA
BA
ARINE
TAPYPYNA
MAIAMY
YRYMY
MAMANY
KARATYNA
KAREB SYNA
Reservatório da UHE Balbina
PARDO
SAMAUMA
IANA
CACAU
ATYWA
DAKIA SYNA
KAMY
Rio Negro
1°0'0"S
2°0'0"S
KWADEME YRYNY
PRESSÕES E AMEAÇAS
Kinja itxiri Waimiri Atroari
Terra Indígena Waimiri Atroari
Mydy
Aldeias
Syna kapoo
Corpos d'água
Awepri
Rios
Akymahpa itxiri
Áreas desmatadas
Typkara karany iaminy
Processos minerários
Kaminja ia kaba nykwa bakany
Invasão de caçador
Kixi idany
Rodovia
Wa ieba iwa
Linhão de Tucuruí
Kixi idany
Invasão de garimpeiros
Itxi bakatypy
Desmatamento
Kaba itxi ipe ie'ny
Invasão de extrativista
Kaminja ia kaba xiba myrykatypy
Invasão de pescador
Typy kara pyky syna iakybyny
Mineração
N
0 10 20 km
61°0'0"W
60°0'0"W

Kwademe yryny nia

Pressões e problemas existentes

Akymapy itxiri Waimiri Atroari na ampeme djapyme nywyryte itxi pyky kahuwa BR 174 ima pyky ram na kwademe pary Usina Hintrelétrica de Balbina (UHE) Balbina karany topy iaminy many ka kwademe itxi irypia itxi iasata. Akymapy itxiri iasata. Kahuwa imaty kwapy nytynypa wytyka pympary kamyry irypa myrypynympane, apykyrytypaty ninpa 1971 tesa. BR 174 kaminja ty ram Kinja inwesa ka myry kahuwa ima imakapa, impa myry wahuwa imaty ram bahinjipary ka myry Kinja itxitri irypyiapa. Impa kaminja iabry Kinja bakapa sarampo, malária, apieme iaky kaminja naky Kinja itxiri tapary Kinja baka ny manypary itxi ta.

Topy bahinja iapra no'mpa 1981 taka araky na wahpary itxi iakymaha na Waimiri Atroari txiri tá imany na ira 726 mil hectariaes ka itxi iakymaha tyna Waimiri Atroari txiri iakymahana. Araky topysykra bahinja wyia wahpary. imany syna iakymia ka kaminja topyskra iapra. imany topsakra paha ram noptxime kohome, topsakra iapra ikeme.

1980 taka ka UHE Balbina irypa kaminja itxi iamkwaty me, impa tybyhkypa nenpa taha kohompary, imany Kinja mydy kyrykapypa 2 mydy me Taquarizinho, Tapypyna mydy many awepri kymahkypa ram nypytapa kwadempary, imany nopitximapa wiwi nyky kyryrytapa imany nyny kytapa arakypa ram nisinia kawyny wiweme koho iasata, imany awepri kymapaiky ram xiba tyme nybanypa waha imany nykwa nybanypa.

A integridade ambiental da Terra Indígena Waimiri Atroari contrasta com os sérios problemas ambientais que afetam o seu entorno. A BR-174, a Usina Hidrelétrica de Balbina (UHE Balbina) e a Mineradora Paranapanema são as responsáveis pelas principais pressões sobre a integridade do território. A abertura da BR-174 foi um dos primeiros grandes traumas para os Kinja, iniciada em 1971. A BR-174 começou a ser construída em uma época em que os Kinja ainda não tinham contato com os não indígenas. A abertura da estrada reduziu muito a população Kinja devido a doenças, como sarampo e malária, que chegaram com os operários e militares presentes na área.

A instalação da mineradora Paranapanema em 1981 também teve um grande impacto sobre o território Kinja. A empresa causou a perda de 726 mil hectares de território, incluindo, na época, a revogação da área que havia sido reservada para os Kinja. Ainda hoje, a mineração causa grandes impactos sobre a Terra Indígena Waimiri Atroari. Atualmente sob o domínio da empresa Mineração Taboca, a mina de Pitinga explora principalmente estanho e cassiterita, e o risco constante está relacionado tanto à contaminação dos rios da região como a um desastre de proporções maiores com o rompimento dos lagos de rejeitos da mineradora.

A UHE Balbina, construída no final dos anos 1980, alagou uma grande porção do território Kinja, inclusive com a remoção das aldeias Taquarizinho e Tapypyna. Na época de formação do reservatório, a água ficou com cheiro muito ruim, resultado da concentração de matéria orgânica na água. Ainda hoje é possível ver troncos de árvores emergindo nas beiras do lago. O enchimento do reservatório ainda causou a morte de muitos peixes e o afugentamento de animais.

itxi tany iakymatypy

pressão sobre os recursos naturais

Waimri Atroari itxiri ram karanaty ima nypykwa iatxa, itxaty ram waha motykatyna imany na 5 pontos mehka kwadaty iryiarypaky Kinja itxiri tá imany a'a itxiri wotykata.

Arine mydy tá ram myrypa iinine nikiekypiany Kinja behe many masynapy ram wahpa xiba myrykatypaty na itxi iakymatypy many topy karany iaminy many. imany Reserva Biológica Uatuma itxiri many imany sudeste niapy ram iawyra nikiexa Yrymy mydy tá, imany myrypy kaminja kwada iryia xiba myrykatypy pyky, wyty iptypy many imany topy karany pyky itxi iakymany na Kinja itxiri iasata.

Woi iepytypy txi ram amy itxatyna iry iatyke Mahoa ke Kinja itxiri panaty ka myry takytytypy mymykwapysa imany Kinja ia nehe na Paryry mydy Krebsyna many kaminja ia nykwa bakany, xiba myrykany many kabaryky nytabe yry itxiri tá, imany woi wapykatypy njapyny Kinja ia ram nehe na Kisiwe mydy tá na iawyrapaka ipy itxaty bake yraty ram mapa tapana, imany itxaty iakyme apynakohy itxiri many nepy Kinja Piritìti Kinja ka ipyna Kinja itxiri iasa ta. Ipyna xiba myrykany, itxi ipe iaminy many kabaryky ka ipy myrana, imany nyty tá woi ieptypy njapy na iawyrapaky iry ietyna Waba Manja ke Cacau tá nietyny ia ka myra kaha na.

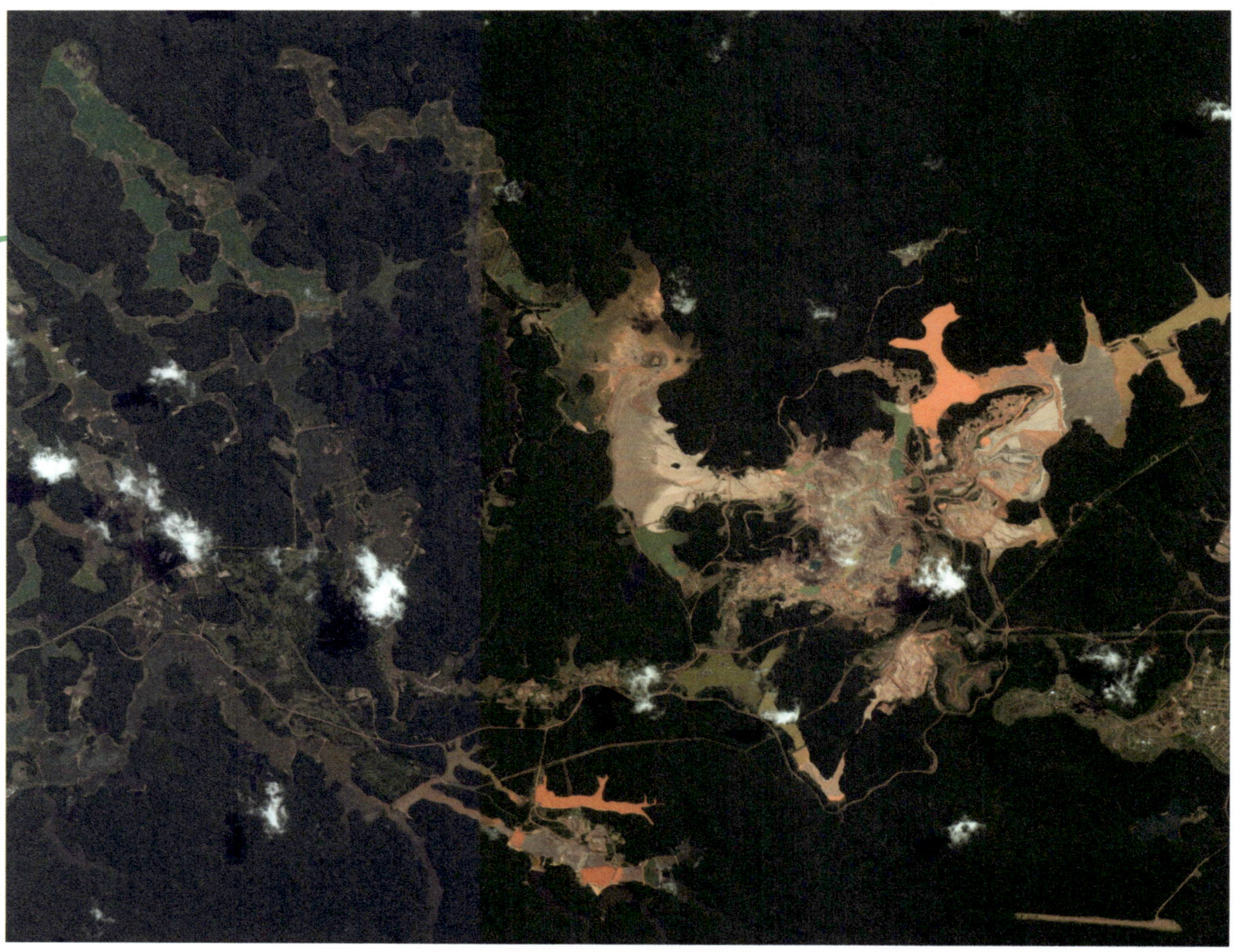

A Terra Indígena Waimiri Atroari apresenta uma boa integridade ambiental, com uma riqueza grande de recursos em seu interior. A pressão sobre os recursos naturais são percebidas principalmente em cinco pontos nos limites da Terra Indígena.

No limite Sudeste, os pesquisadores da aldeia Ariné identificaram, junto com sua comunidade, pressões externas sobre a pesca, avanço de áreas de desmatamento e a presença de garimpo em áreas próximas da Reserva Biológica Uatumã. Ainda a Sudeste, próximo a aldeia Yrymy, foram identificadas pressões sobre a caça e a pesca, além de referências de exploração de garimpo em áreas bastante próximas do limite da Terra Indígena.

No limite Noroeste, na área chamada de Mahoa, parte do território tradicional, mas que ainda aguarda demarcação dos seus limites, os pesquisadores da aldeia Paryry e da aldeia Kareb Syna identificaram diversas invasões para caça e pesca, além da retirada não autorizada de produtos extrativistas dessa área. Essas mesmas pressões sobre recursos foram identificadas no limite Norte da Terra Indígena por pesquisadores da aldeia Kisiwe, que, além disso, apontaram o avanço de áreas desmatadas e de madeireiros na região. O desmatamento, que pode ser notado no mapa, também ameaça a área interditada dos Pirititi, grupo isolado que vive ao lado do território Kinja. A pressão de invasão por pesca e extrativismo predatório também é sentida no limite Sul, principalmente na área conhecida como Waba Manja; essa informação foi registrada pelos pesquisadores da aldeia Cacau.

kinia ietyky wetxipy

principais ameaças

Kaminja ieba iwa iamtypy ty ka kwademe nyskwarymapypiany Tucuruí tanyme ka myry kaminja ieba iwa nysa Para taka Boa vista Roraima taka Mana tanyme ka nysa Kinja ty ram ampeme nypysa ampeme novembro de 2015 wa iwa iapremy kaminja Funai kaminja dexikipiany impa (Funai) kaminja pepe irypiany haiapaka myry kaminja ieba iwaty kipiany, Kinja itxiri ta iexime na 721 km me ka amtypyna, 123 km me ka Waimiri Atroari Kinja itxiri ta nytopa epy iake 1.749 me Kinja ne'(2014) tapana Kinja na 31 mydyme.

Itxi iakymatypy ikaa itahakypa ram Kinja Funai kaminja txi, Kinja pepe pykynaka tara memetypa irypa kaminja taha neneme Consulta Prévia Informada pyky ram kaminja taha ty a'a iakypaha nenypa, Convenção 169 da Organização do Trabalho (OIT) kaminja, Brasil kaminja taha njinjetyhy ty,Kinja tyram ke ira a'a iakyparyka myry kamjna ieba iwa iary iwapy, ampapyry ka kaminja ty nary kapotxany ka a'a nykohotxany.

A principal ameaça identificada foi a construção do Linhão do Tucuruí, obra que ligará a hidrelétrica de Tucuruí, no Pará, a Boa Vista, em Roraima, passando por Manaus, no Amazonas. Apesar da posição contrária dos Kinja, em novembro de 2015, o Ministro de Minas e Energia, Eduardo Braga, pressionou a Fundação Nacional do Índio (Funai), que liberou a construção do Linhão, passando pela Terra Indígena. Do total de 721 km da estrutura, 123 km cortarão a TI Waimiri Atroari, onde, em setembro de 2016, viviam 1.907 Waimiri Atroari.

Quando souberam da liberação para a obra, os Kinja escreveram uma carta para a Funai. A carta questionava o governo sobre os impactos e sobre a ausência de Consulta Prévia Informada, como estabelece a Convenção 169 da Organização Internacional do Trabalho (OIT), ratificada pelo Brasil. As comunidades Kinja acreditam que é preciso dialogar alternativas para a construção de uma obra importante como o Linhão. Um traçado alternativo para a Linha de Transmissão foi sugerido pelos Kinja.

eixo estrada

kahuwa ima
tany mydy

MYDY BEHE

ALDEIAS DA TERRA INDÍGENA WAIMIRI ATROARI

MARYDA

Maryda mydy ta ram 46 Kinjame na. Maryda mydy iamyhy na 1970 taka.

Akaha piany Maryda mydy tany: Marauna Leandro.

Na aldeia Maryda moram 46 Kinja. A Aldeia Maryda foi aberta em 1970.

Fotógrafo da aldeia Maryda: Marauna Leandro.

Maikon mydy ta ram 85 Kinjame na.
Maikon mydy iamyhy na 1979 taka.

Akaha piany Maikon mydy tany:
Kwaká Júnior e Kwakwaxi Armando.

Na aldeia Maikon moram 85 Kinja.
A Aldeia Maikon foi aberta em 1979.

Fotógrafos da aldeia Maikon: Kwaká Júnior e Kwakwaxi Armando.

MAIKON

ALALAU

Alalau mydy ta ram 103 Kinjame na.
Alalau mydy iamyhy na 1980 taka.

Akaha piany Alalau mydy tany:
Minjawa Darimar e Tomaz Kynetxiri.

Na aldeia Alalau moram 103 Kinja.
A Aldeia Alalau foi aberta em 1980.

Fotógrafos da aldeia Alalau: Minjawa Darimar e Tomaz Kynetxiri.

Iawara mydy ta ram 60 Kinjame na. Iawara mydy iamyhy na 1981 taka.

Akaha piany Iawara mydy tany: Fausto Ate e Anapidene Zico.

Na aldeia Iawara moram 60 Kinja. A Aldeia Iawara foi aberta em 1981.

Fotógrafos da aldeia Iawara: Fausto Ate e Anapidene Zico.

IAWARA

XERI

Xeri mydy ta ram 92 Kinjame na. Xeri mydy iamyhy na 1983 taka.

Akaha piany Xeri mydy tany: Pitxuwa Evaldo.

Na aldeia Xeri moram 92 Kinja. A Aldeia Xeri foi aberta em 1983.

Fotógrafo da aldeia Xeri: Pitxuwa Evaldo.

Xara mydy ta ram 72 Kinjame na. Xara mydy iamyhy na 1986 taka.

Akaha piany Xara mydy tany: Trapia Ivo.

Na aldeia Xara moram 72 Kinja. A Aldeia Xara foi aberta em 1986.

Fotógrafo da aldeia Xara: Trapia Ivo.

XARA

MYNAWA

Mynawa mydy ta ram 48 Kinjame na. Mynawa mydy iamyhy na 1987 taka.

Akaha piany Mynawa mydy tany: Maika Renato.

Na aldeia Mynawa moram 48 Kinja. A Aldeia Mynawa foi aberta em 1987.

Fotógrafo da aldeia Mynawa: Maika Renato.

Paryry mydy ta ram 106 Kinjame na. Paryry mydy iamyhy na 1992 taka.

Akaha piany Paryry mydy tany: Parany Mateus.

Na aldeia Paryry moram 106 Kinja. A Aldeia Paryry foi aberta em 1992.

Fotógrafo da aldeia Paryry: Parany Mateus.

PARYRY

117

BANA

Bana mydy ta ram 39 Kinjame na. Bana mydy iamyhy na 1992 taka.

Akaha piany Bana mydy tany: Byiana Bernardo.

Na aldeia Bana moram 39 Kinja. A Aldeia Bana foi aberta em 1992.

Fotógrafo da aldeia Bana: Byiana Bernardo.

Anahkwa mydy ta ram 53 Kinjame na. Anahkwa mydy iamyhy na 1993 taka.

Akaha piany Anahkwa mydy tany: Midany Benito.

Na aldeia Anahkwa moram 53 Kinja. A Aldeia Anahkwa foi aberta em 1993.

Fotógrafo da aldeia Anahkwa: Midany Benito.

ANAHKWA

KISIWE

Kisiwe mydy ta ram 70 Kinjame na. Kisiwe mydy iamyhy na 1993 taka.

Akaha piany Kisiwe mydy tany: Wasy Waldemiro.

Na aldeia Kisiwe moram 70 Kinja. A Aldeia Kisiwe foi aberta em 1993.

Fotógrafo da aldeia Kisiwe: Wasy Waldemiro.

Ariné mydy ta ram 56 Kinjame na. Ariné mydy iamyhy na 1996 taka.

Akaha piany Ariné mydy tany: Temehe Germano.

Na aldeia Ariné moram 56 Kinja. A Aldeia Ariné foi aberta em 1996.

Fotógrafo da aldeia Ariné: Temehe Germano.

ARINÉ

WABA

Waba mydy ta ram 62 Kinjame na. Waba mydy iamyhy na 1998 taka.

Akaha piany Waba mydy tany: Kamaruwa Machado.

Na aldeia Waba moram 62 Kinja. A Aldeia Waba foi aberta em 1998.

Fotógrafo da aldeia Waba: Kamaruwa Machado.

Tapypyna mydy ta ram 26 Kinjame na. Tapypyna mydy iamyhy na 2006 taka.

Akaha piany Tapypyna mydy tany: Kaiami Pablo, Kianamy Pascoal e Kysene Bruno.

Na aldeia Tapypyna moram 26 Kinja. A Aldeia Tapypyna foi aberta em 2006.

Fotógrafos da aldeia Tapypyna: Kaiami Pablo, Kianamy Pascoal e Kysene Bruno.

TAPYPYNA

BA

Ba mydy ta ram 32 Kinjame na. Ba mydy iamyhy na 2007 taka.

Akaha piany Ba mydy tany: Wahry Mauricinho.

Na aldeia Ba moram 32 Kinja. A Aldeia Ba foi aberta em 2007.

Fotógrafo da aldeia Ba: Wahry Mauricinho.

Ariné mydy ta ram 56 Kinjame na.
Ariné mydy iamyhy na 1996 taka.

Akaha piany Ariné mydy tany:
Temehe Germano.

Na aldeia Yrymy moram 31 Kinja. A Aldeia Yrymy foi aberta em 2009.

Fotógrafos da aldeia Yrymy: Ketuwa Francenilson e Davi Aikwa.

YRYMY

ARYKAWA

Arykawa mydy ta ram 46 Kinjame na. Arykawa mydy iamyhy na 2012 taka.

Akaha piany Arykawa mydy tany: Meki Mercio.

Na aldeia Arykawa moram 46 Kinja. A Aldeia Arykawa foi aberta em 2012.

Fotógrafo da aldeia Arykawa: Meki Mercio.

Makahpy mydy ta ram 27 Kinjame na. Makahpy mydy iamyhy na 2013 taka.

Akaha piany Makahpy mydy tany: Temehe Estevão.

Na aldeia Makahpy moram 27 Kinja. A Aldeia Makahpy foi aberta em 2013.

Fotógrafo da aldeia Makahpy: Temehe Estevão.

MAKAHPY

MYDY BEHE

ALDEIAS DA TERRA INDÍGENA WAIMIRI ATROARI

syna kany mydy

eixo rio

CACAU

Cacau mydy ta ram 80 Kinjame na.
Cacau mydy iamyhy na 1987 taka.
Akaha piany Cacau mydy tany:
Kapetuwa Ralnir e Tykwaxina Silvio.

Na aldeia Cacau moram 80 Kinja.
A Aldeia Cacau foi aberta em 1987.
Fotógrafos da aldeia Cacau:
Kapetuwa Ralnir e Tykwaxina Silvio.

Samauma mydy ta ram 51 Kinjame na.
Samauma mydy iamyhy na 1989 taka.

Akaha piany Samauma mydy tany:
Iadyma Francisco e Watxirinji Luciano.

Na aldeia Samauma moram 51 Kinja. A Aldeia Samauma foi aberta em 1989.

Fotógrafos da aldeia Samauma:
Iadyma Francisco e Watxirinji Luciano.

SAMAUMA

Kareb Syna mydy ta ram 33 Kinjame na. Kareb Syna mydy iamyhy na 1993 taka.

Akaha piany Kareb Syna mydy tany: Damixiri Renato.

Na aldeia Kareb Syna moram 33 Kinja. A Aldeia Kareb Syna foi aberta em 1993.

Fotógrafo da aldeia Kareb Syna: Damixiri Renato.

KAREB SYNA

PARDO

Pardo mydy ta ram 28 Kinjame na.
Pardo mydy iamyhy na 1994 taka.
Akaha piany Pardo mydy tany:
Wiribia Orêncio e Amyry Jakson.

Na aldeia Pardo moram 28 Kinja.
A Aldeia Pardo foi aberta em 1994.
Fotógrafos da aldeia Pardo: Wiribia Orêncio e Amyry Jakson.

IANA

Iana mydy ta ram 106 Kinjame na. Iana mydy iamyhy na 1995 taka.

Akaha piany Iana mydy tany: Wanakita Ronaldo, Iawa Márcio e Araduwa Evandro, Mawuna Jorge, Marawuxa Mauro e Kinyma Roni.

Na aldeia Iana moram 106 Kinja. A Aldeia Iana foi aberta em 1995.

Fotógrafos da aldeia Iana: Wanakita Ronaldo, Iawa Márcio e Araduwa Evandro, Mawuna Jorge, Marawuxa Mauro e Kinyma Roni.

KARATYNA

Karatyna mydy ta ram 47 Kinjame na. Karatyna mydy iamyhy na 1999 taka.

Akaha piany Karatyna mydy tany: Kyre Josezinho.

Na aldeia Karatyna moram 47 Kinja. A Aldeia Karatyna foi aberta em 1999.

Fotógrafo da aldeia Karatyna: Kyre Josezinho.

Mamany mydy ta ram 46 Kinjame na.
Mamany mydy iamyhy na 2008 taka.
Akaha piany Mamany mydy tany:
Pawuna Ivanildo e Warpe Nelmo.

Na aldeia Mamany moram 46 Kinja.
A Aldeia Mamany foi aberta em 2008.
Fotógrafos da aldeia Mamany:
Pawuna Ivanildo e Warpe Nelmo.

MAMANY

ATYWA

Atywa mydy ta ram 50 Kinjame na. Atywa mydy iamyhy na 2009 taka.

Akaha piany Atywa mydy tany: Oscar Serypana, Nawata Joelmir, Waika Elinaldo e Waipinje Anderson.

Na aldeia Atywa moram 50 Kinja. A Aldeia Atywa foi aberta em 2009.

Fotógrafos da aldeia Atywa: Oscar Serypana, Nawata Joelmir, Waika Elinaldo e Waipinje Anderson.

ARAWYBA

Arawyba mydy ta ram 76 Kinjame na. Arawyba mydy iamyhy na 2010 taka.

Akaha piany Arawyba mydy tany: Zildo Ewepe e Xitamy Valmir.

Na aldeia Arawyba moram 76 Kinja. A Aldeia Arawyba foi aberta em 2010.

Fotógrafos da aldeia Arawyba: Zildo Ewepe e Xitamy Valmir.

IWATYMY

Iwatymy mydy ta ram 55 Kinjame na. Iwatymy mydy iamyhy na 2010 taka.

Akaha piany Iwatymy mydy tany: Irie Ademir.

Na aldeia Iwatymy moram 55 Kinja. A Aldeia Iwatymy foi aberta em 2010.

Fotógrafo da aldeia Iwatymy: Irie Ademir.

KAMY

Kamy mydy ta ram 23 Kinjame na. Kamy mydy iamyhy na 2011 taka.
Akaha piany Kamy mydy tany: Iawysy Maciel e Same Marciano.

Na aldeia Kamy moram 23 Kinja. A Aldeia Kamy foi aberta em 2011.
Fotógrafos da aldeia Kamy: Iawysy Maciel e Same Marciano.

DAKIA SYNA

Dakia Syna mydy ta ram 42 Kinjame na. Dakia Syna mydy iamyhy na 2012 taka.

Akaha piany Dakia Syna mydy tany: Amixa Joelson.

Na aldeia Dakia Syna moram 42 Kinja. A Aldeia Dakia Syna foi aberta em 2012.

Fotógrafos da aldeia Dakia Syna: Amixa Joelson.

Maiamy mydy ta ram 63 Kinjame na. Maiamy mydy iamyhy na 2012 taka.

Akaha piany Maiamy mydy tany: Gilmar Kridjany, Tuwadja Joanico, Iarykwama Valdison, Tuwadja Vanilson, Kwynetxiri Celso e Txawe Zacarias.

Na aldeia Maiamy moram 63 Kinja. A Aldeia Maiamy foi aberta em 2012.

Fotógrafos da aldeia Maiamy: Gilmar Kridjany, Tuwadja Joanico, Iarykwama Valdison, Tuwadja Vanilson, Kwynetxiri Celso e Txawe Zacarias.

MAIAMY

iara iaky wyrytatypy inpehe na itxi Kinja ikaa pyky wenpatypy waimiri atroari

como foi realizado o levantamento socioambiental da TI Waimiri Atroari?

Waimiri Atroari itxiri ta, pytyhyna yryhyna Waimiri Atroari Kinja taha many, imany ekohna PWA many programa Waimiri Atroari, impa ximpahky yryhna wakaha itxipyme Kinja many 31 Kinja mydy ta, iexime motykaty ram pytyhty, imany apirikiatypy na djapyme na tyrypa wotykatyma Waimiri Atroari, imany yryhna atykapy tymydy iamyhna takynyny djata, syna kany mydy ta, amyhy na 13 mydy me, kahuwa imata amyhna 18 mydy me. Iexime anji irytypy iryhna Kinja mydy curiaú ta (curiaú)imany kahuwa imata tany iryhy na Kinja ietypy mydy Waimiri Atroari (Nawa)ta imany yrypyny iesa PWA many. Atytypy iapykyryhna curiaú ta novembro de 2013 ta, imany nehe na 32 Kinja taha many imany Kinja inpany many, imany Nawa ta fevereiro de 2014 taka iexyhna 45 Kinja taha, imany Kinja inpany many, impa iawyraky nohtxapa sytyhy naka ie'xime amy mydy tany many, imany Kinja nysnykwapa atykapy. Nepytypy iryhna fevereiro 2014 ta imany agosto 2014 ta.

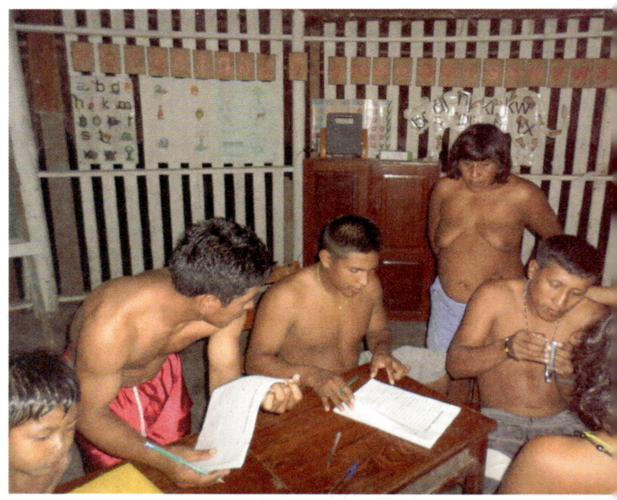

Kareme yryty pyme a'a oficinas irypa Waimiri Atroari itxiri ta, impa nenpa outubro de 2015 taka. Impa yryny naky 48 kinjeme. Impa nenpypa pepe pyky panéis temáticos sistematizados ISA many, impa a'a narynapa, imany njikramapa kareme Kinja ikaa pyky. Imany kareme Kinja ikaa karymapytypy oficina irypiany uma semana neme setembro de 2016 PWA ta. Iexime kiarymapytypy me.

O levantamento socioambiental tem como premissa a coleta e a organização participativa de informações, que resultam em retratos socioambientais que subsidiam as comunidades na definição de suas estratégias de gestão territorial e ambiental, sejam as comunitárias, com atores não indígenas ou junto aos órgãos públicos.

Até 2016, em conjunto com nossos parceiros indígenas, foram iniciados ou concluídos levantamentos em 14 Terras Indígenas nos estados do Amazonas, Roraima e Rondônia, totalizando 54 aldeias. A metodologia dos levantamentos socioambientais consiste em: (1) consulta às lideranças indígenas para realização do projeto; (2) realização de oficina de apresentação do projeto para a comunidade; (3) indicação dos pesquisadores indígenas pela comunidade; (4) treinamento dos pesquisadores indígenas para a aplicação do levantamento por aldeia, que consiste em um questionário, georreferenciamento de locais relevantes para a comunidade, como situações de conflito, lugares sagrados e roças, entre outros, e documentação fotográfica de locais e situações relevantes; (5) doação para a associação indígena dos equipamentos necessários para realização das atividades; (6) duas visitas de monitoramento nas aldeias para esclarecimento metodológico; (7) sistematização do levantamento realizado por aldeias, feita pela equipe do ISA, para composição de um retrato socioambiental da TI; (8) realização de oficina de validação do retrato socioambiental nas aldeias; (9) elaboração de publicação final do levantamento. Alguns ajustes metodológicos são possíveis a fim de adaptar a metodologia às situações específicas dos parceiros indígenas e não indígenas envolvidos.

Os levantamentos socioambientais integram o Sistema de Indicadores Socioambientais para Terras Indígenas (SISTI), um painel obtido a partir de dados primários e secundários que permitam avaliação sistemática da situação da Saúde e Bem Estar, Educação e Identidade, Território e Governança e Sustentabilidade e Soberania Alimentar nas TIs no Brasil.

Na Terra Indígena Waimiri Atroari, o projeto foi realizado em parceria com as lideranças Waimiri Atroari (ACWA) e o Programa Waimiri Atroari (PWA) e com participação contínua e indispensável dos pesquisadores indígenas das 31 aldeias. Todas as atividades do projeto foram realizadas respeitando a divisão logística já incorporada nas atividades rotineiras dos Waimiri Atroari, com setorização das aldeias em dois eixos: o Eixo Rio, composto por 13 aldeias, e o Eixo Estrada, composto por 18 aldeias. Todas as atividades do Eixo Rio foram realizadas no posto indígena do Curiau (Curiau) e as do Eixo Estrada no Núcleo de Apoio aos Waimiri Atroari (NAWA) e contaram com o apoio e participação da equipe do PWA. As oficinas foram realizadas no Curiau em novembro de 2013, com participação de 32 lideranças e professores, e no NAWA em fevereiro de 2014, com 45 lideranças e professores. Em ambas as oficinas todas as aldeias de cada eixo estavam representadas. As demais visitas de monitoramento foram realizadas em fevereiro de 2014 e agosto de 2014.

As oficinas finais de validação dos levantamentos socioambientais da TI Waimiri Atroari foram realizadas em outubro de 2015. As oficinas contaram com a participação de 48 Kinja, os quais, a partir de painéis temáticos sistematizados pelo ISA, discutiram e corrigiram os dados relativos aos temas abordados pelo levantamento. Para a edição e tradução da publicação final foi realizada uma oficina de uma semana em setembro de 2016 na sede do PWA.

Este livro foi composto em
Akzidenz Grotesk e impresso
em papel Munken Lynks Rough
120g/m² pela gráfica Ipsis.
Tiragem: 2.000 exemplares

FSC
www.fsc.org
MISTO
Papel produzido a partir
de fontes responsáveis
FSC® C011095

A marca FSC® é a garantia de que a madeira utilizada na fabricação do papel deste livro provém de florestas que foram gerenciadas de maneira ambientalmente correta, socialmente justa e economicamente viável, além de outras fontes de origem controlada.

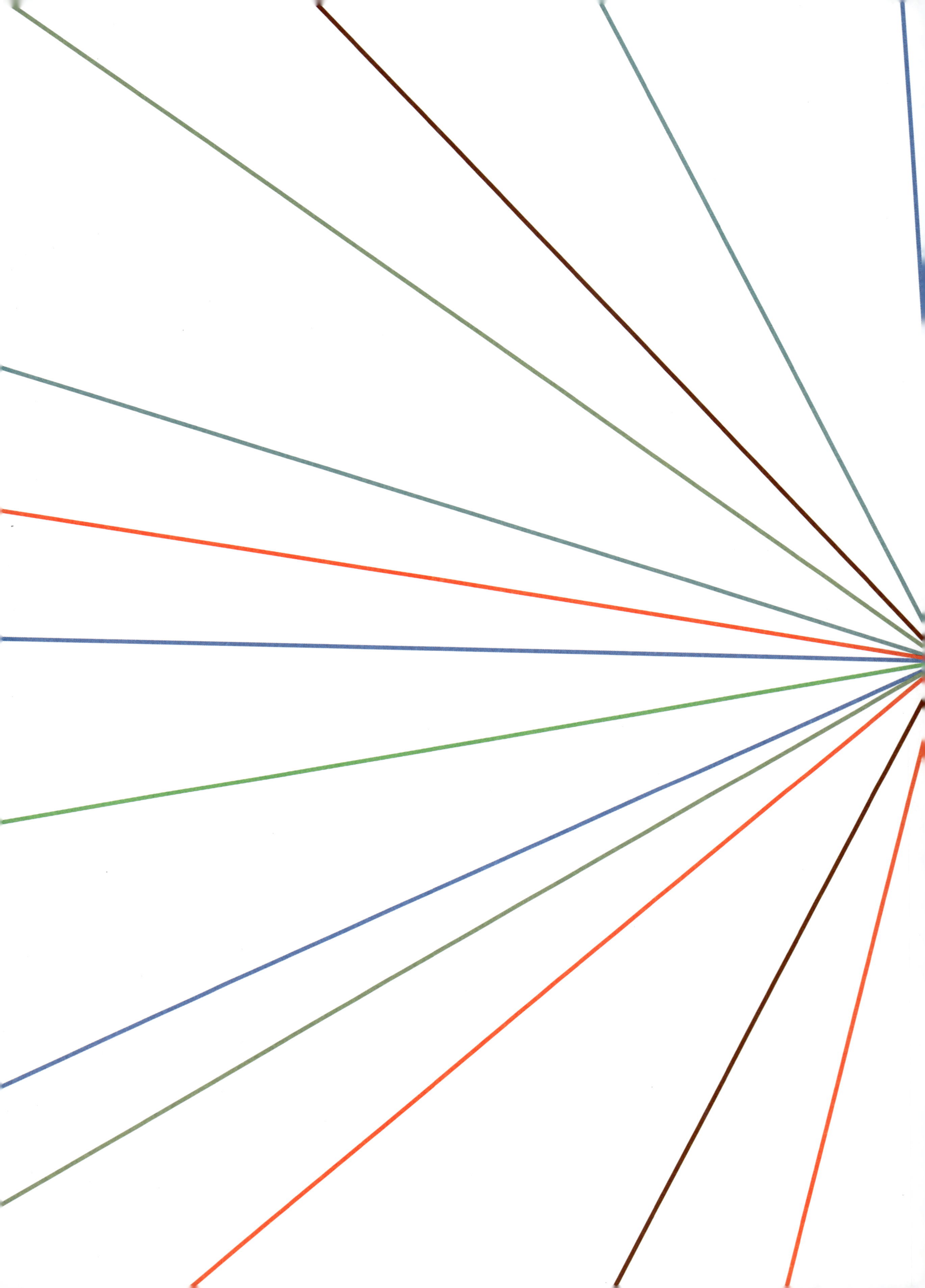